Annie Besant

Gedankenkraft

Durch weises Denken sinnvoll leben

Annie Besant

Gedankenkraft

Durch weises Denken
sinnvoll leben

Mit freundlicher Unterstützung durch die
Theosophische Gesellschaft in Deutschland e. V.

Aquamarin Verlag

Titel der Originalausgabe:

Thought Power Its Control and Culture

Unter teilweiser Benutzung der Übersetzung von Ludwig Deinhard neu übersetzt und in etwas gekürzter Fassung bearbeitet von Dr. Norbert Lauppert.

7. überarbeitete Auflage 2025

© Aquamarin Verlag GmbH

Voglherd 1 • D-85567 Grafing

www.aquamarin-verlag.de

Kontakt: kontakt@aquamarin-verlag.de

Umschlaggestaltung: Annette Wagner

Druck: 1A Media • Stuttgart

ISBN 978-3-89427-304-0

Inhalt

Einleitung 9

Das Selbst als Erkenner 10

Das Nicht-Selbst als Erkanntes 13

Das Erkennen 14

1 Das Wesen des Denkens 17

Die Kette von Erkenner,
Erkennen und Erkanntem 21

2 Der Erzeuger der Illusion 27

Der Mentalkörper und Manas 32

Bildung und Entwicklung des Mentalkörpers..... 34

3 Gedankenübertragung (Telepathie) 41

4 Die Anfänge des Denkens 49

Die Beziehung zwischen Sinnesempfindung
und Denken 53

5 Das Gedächtnis 59

Das Wesen des Gedächtnisses 59

Schlechtes Gedächtnis 61

Gedächtnis und Vorwegnahme 67

6 Das Wachstum des Denkens 71

Das Beobachten und sein Wert 71

Die Entwicklung der mentalen Fähigkeiten 78

Die Schulung des Verstandes 80

Verbindung mit höherstehenden Personen 82

7   Konzentration 85

Bewusstsein ist überall, wo ein Gegenstand

vorhanden ist, auf den es reagiert 92

Wie man sich konzentriert.................................. 96

8   Hindernisse der Konzentration.......................... 101

Der ruhelose Verstand.. 101

Die Gefahren der Konzentration........................ 106

Meditation.. 111

9   Die Stärkung der Gedankenkraft...................... 113

Sorgen – ihre Bedeutung und Beseitigung.......... 117

Denken und Nicht-Denken 121

Das Geheimnis des Seelenfriedens 124

10 Wie man anderen durch Gedanken hilft............ 127

Hilfe für die sogenannten Toten........................ 131

Gedankenarbeit ausserhalb des Körpers 133

Die Macht vereinten Denkens............................ 136

Nachwort 139

Vorwort

Dieses Buch wurde Anfang des 20. Jahrhunderts geschrieben. Spätere Erkenntnisse der westlichen Psychologie aus dem vergangenen Jahrhundert können in ihm daher ebenso wenig gefunden werden wie Hinweise auf die kulturelle und zivilisatorische Entwicklung der Moderne. Das Buch stützt sich vielmehr auf die zeitlosen Erkenntnisse der dreitausend Jahre alten indischen Psychologie und auf eigene psychische Erfahrungen der Verfasserin. Es gibt dem Studierenden damit, von Zeitströmungen unabhängig, sowohl eine theoretische Grundlage als auch die nötigen praktischen Anweisungen in die Hand, um seine Gedankenkraft systematisch zu entwickeln und wirksam anzuwenden.

Einleitung

Der Wert einer Erkenntnis erprobt sich an ihrer Kraft, das Leben zu läutern und zu veredeln. Alle ernsthaft Strebenden dürften den Wunsch hegen, die bei ihren Studien erlangten theoretischen Erkenntnisse dazu verwenden zu können, die Entwicklung ihres Charakters zu fördern und ihren Mitmenschen hilfreich zu sein. Für derartig Strebende ist dieses kleine Buch geschrieben worden, in der Hoffnung, dass ein besseres Verständnis für das Wesen ihres Intellektes zu einer zweckdienlicheren Ausbildung dessen dienen dürfte, was an ihm gut, und zu einer Ausmerzung dessen, was an ihm schlecht ist. Alle Regungen des Gemüts, die zu einer richtigen Lebensführung anspornen, gehen zur Hälfte verloren, wenn nicht das klare Licht des Intellektes den Weg des Verhaltens erleuchtet; denn wie ein Blinder vom Weg abirrt und stürzt, so wendet sich das von Unwissenheit geblendete Ich vom Pfad der rechten Lebensführung ab, bis es in den Abgrund schlimmer Handlungsweisen fällt. Der Mangel an Erkenntnis *(Avidya)* ist tatsächlich der erste Schritt, der aus der Einheit heraus zur Absonderung führt, und nur in dem Maße, als dieser Mangel sich vermindert, verringert sich auch die Absonderung, bis endlich ihr gänzliches Verschwinden den ewigen Frieden wiederherstellt.

Das Selbst als Erkenner

Wenn wir die menschliche Natur untersuchen wollen, dann müssen wir den Menschen von den von ihm benutzten Werkzeugen, das lebendige Selbst von den Hüllen trennen, in die es gekleidet ist. Das Selbst ist eine Einheit, wie unterschiedlich auch die Formen sein mögen, in denen es sich manifestiert, wenn es durch verschiedene Arten von Materie und mittels ihrer Prägung in Wirkung tritt. Es ist selbstverständlich durchaus wahr, dass es im vollen Sinne des Wortes nur *ein* Selbst gibt, so wie von der Sonne Strahlen ausgehen und die einzelnen, den wahren Menschen darstellenden Selbste nichts als Strahlen des höchsten Selbstes sind, so dass jedes einzelne Selbst von sich sagen kann: »Ich bin ER.« Für unseren gegenwärtigen Zweck aber möchten wir darauf hinweisen, dass jeder einzelne dieser Strahlen auch in seiner Absonderung eine eigene ihm innewohnende Einheit besitzt, wenn diese sich auch hinter seinen verschiedenen Hüllen verbirgt. Das Bewusstsein stellt eine Einheit dar, und seine Zerlegung in Teile geschieht entweder zum Zweck des Studiums oder diese Teile sind nur Illusionen, die dem begrenzten Wahrnehmungsvermögen unserer Organe zuzuschreiben sind, durch die es in den niederen Regionen der Welt wirkt. Die Tatsache, dass die einzelnen Kundgebungen des Selbstes von seinen drei Aspekten des Erkennens, Wollens und Wirkens ausgehen – aus denen die einzelnen Gedanken, Wünsche und Handlungen entstehen – darf uns nicht für die andere Tatsache blind machen, dass eine Teilung der Substanz nach nicht existiert, denn das ganze Selbst erkennt, das ganze

Selbst will, das ganze Selbst handelt. Ebenso wenig sind auch die Funktionen des Selbstes untereinander getrennt; wenn es erkennt, dann handelt und will es auch; wenn es handelt, dann erkennt und will es auch; und wenn es will, dann erkennt und handelt es auch. Immer ist eine dieser drei Funktionen vorherrschend, und zuweilen in einem solchen Grad, dass dadurch die anderen gänzlich verschleiert werden. Aber auch bei der tiefsten Konzentration des Erkennens – also bei derjenigen Funktion, die sich am meisten absondert – ist stets doch auch ein latentes Wirken und ein latentes Wollen vorhanden, die sich deutlich unterscheiden lassen, wenn wir eine sorgfältige Analyse vornehmen.

Wir haben diese drei Funktionen »die drei Aspekte des Selbstes« genannt; eine etwas genauere Erklärung wird uns dem Verständnis näher bringen. Wenn das Selbst ruhig ist, dann gibt sich der Aspekt der Erkenntnis kund, der sich zum Abbild jedes Gegenstandes macht, der sich ihm darbietet. Wenn das Selbst sich konzentriert, begierig, seinen Zustand zu ändern, dann tritt der Aspekt des Willens auf. Wenn das Selbst in Gegenwart irgendeines Gegenstandes Energie ausstrahlt, um mit dem Gegenstand in Berührung zu kommen, dann zeigt es den Aspekt des Handelns. Es geht daraus hervor, dass diese drei Aspekte nicht voneinander getrennte Teile des Selbstes, nicht drei Dinge sind, die sich zu einem Ganzen vereinigen, sondern dass wir ein unteilbares Ganzes vor uns haben, das sich auf dreifach verschiedene Weise offenbart.

Es ist nicht leicht möglich, das Wesen des Selbstes anders begrifflich klarer zu machen als durch einfache Nennung mit seinem Namen. Das Selbst ist das bewusste, fühlende, stets existierende Eine, das sich in jedem von uns als existierend erkennt. Kein Mensch kann jemals sich selbst als nicht existierend denken oder zu sich selbst mit Bewusstsein sagen: »Ich bin nicht.« Die Selbstbejahung »Ich bin« kommt vor allen Dingen und steht über und jenseits aller Beweise. Sie kann durch keinen Beweis verstärkt, durch keine Widerlegung geschwächt werden. Beweis und Widerlegung treffen im »Ich bin«, diesem nicht weiter auflösbaren Fühlen der eigenen Existenz, zusammen, von dem wir nur aussagen können, dass es zunehmen oder abnehmen kann. »Ich bin mehr« ist der Ausdruck der Lust. »Ich bin weniger« ist der Ausdruck der Unlust.

Wenn wir dieses »Ich bin« näher betrachten, dann finden wir, dass es auf dreierlei Weise zum Ausdruck gelangt: a) als innere Widerspiegelung eines Nicht-Selbstes, als Erkenntnis, die Wurzel des Denkens; b) als innere Konzentration, als Wille, die Wurzel des Verlangens; c) als Hervortreten nach außen, als Energie, die Wurzel des Wirkens. »Ich erkenne« oder »ich denke«; »ich will« oder »ich verlange«; »ich strahle Energie aus« oder »ich wirke«. Dies sind die drei Bejahungen des unteilbaren Selbstes oder des »Ich bin«. Alle Kundgebungen des Selbstes lassen sich unter die eine oder die andere dieser drei Überschriften einteilen; das Selbst manifestiert sich in unseren Welten nur in diesen drei Arten. Wie alle Farben aus den drei Primärfarben entstehen, so entstehen auch die zahllosen Manifestationen des Selbstes aus Willen, Energie und Erkenntnis, und das Selbst als Wollender, das Selbst als Wirkender, das Selbst als Erkennender – dies ist das in Ewigkeit Eine und auch die Wurzel der Individualität in Zeit und

Raum. Das Selbst in seinem Denk-Aspekt, das Selbst als Erkennender – dies ist es, was wir hier zu untersuchen haben.

Das Nicht-Selbst als Erkanntes

Das Selbst, dessen »Wesen Erkenntnis ist«, findet in sich gespiegelt eine große Zahl von Formen vor und lernt durch Erfahrung, dass es in diesen und durch diese nicht erkennen, nicht wirken und nicht wollen kann. Es macht die Entdeckung, dass es diese Formen nicht beherrschen kann, wie dies mit der Form der Fall ist, deren es sich zuerst bewusst wird und mit der es sich (irrtümlicher- und doch notwendigerweise) identifiziert. Es erkennt, und diese Formen denken nicht; es will, und sie zeigen kein Verlangen; es sendet Energie aus, und sie zeigen keine Bewegung als Antwort. Es kann nicht in ihnen sagen »ich erkenne«, »ich will«, »ich wirke«, und so erkennt es sie schließlich als andere Selbste in mineralischen, pflanzlichen, tierischen, menschlichen und übermenschlichen Formen und fasst sie alle unter dem Begriff des Nicht-Selbstes zusammen als das, worin es als ein für sich bestehendes Wesen nicht enthalten ist, worin es nicht erkennen, nicht wollen und nicht wirken kann. Es wird von nun an auf die Frage »Was ist das Nicht-Selbst?« für lange Zeit die Antwort bereit haben: »Alles das, worin ich nicht erkennen, nicht wollen und nicht wirken kann.«

Obwohl es bei genauer Untersuchung tatsächlich finden wird, dass auch alle seine eigenen Hüllen, mit Ausnahme der zartesten, vermöge deren es zu einem Selbst wird, Teile des Nicht-Selbstes sind, Gegenstände der Erkenntnis, das Erkannte und nicht das Erkennende, so ist doch für alle praktischen Zwecke die obige Antwort durchaus zutreffend. Es kann in der Tat diese zarteste Hülle, die es erst zu einem abgetrennten Selbst macht, niemals als etwas von ihm Trennbares erkennen, da deren Gegenwart zu seiner eigenen Abtrennung notwendig ist und weil der Umstand, sie als ein Nicht-Selbst zu erkennen, einem Untertauchen im All gleichkäme.

Das Erkennen

Damit das Selbst zum Erkennenden und das Nicht-Selbst zum Erkannten wird, muss zwischen ihnen eine bestimmte Beziehung hergestellt werden. Das Nicht-Selbst muss auf das Selbst, und das Selbst muss auf das Nicht-Selbst einwirken. Es muss zwischen den beiden eine Wechselwirkung bestehen. Erkennen ist eine Beziehung zwischen dem Selbst und dem Nicht-Selbst, und die Natur dieser Beziehung muss daher das nächste Thema sein, das wir hier zu behandeln haben, doch ist es gut, wenn wir zuerst ganz klar die Tatsache erfassen, dass Erkennen eine Beziehung bedeutet. Erkennen schließt zwei Dinge in sich – das Bewusstsein eines Selbstes und die Anerkennung eines Nicht-Selbstes. Es ist das Vorhandensein dieser beiden einander gegenübergestellten Dinge erforderlich, damit eine Erkenntnis stattfinden kann.

Der Erkenner, das Erkannte und das Erkennen – dies sind die drei in einem, die verstanden werden müssen, wenn das Denken seinem eigentlichen Zweck zugeführt werden soll,

Gedankenkraft

dem Zweck, der Welt zu helfen. Nach der Terminologie des Westens ist der Verstand das Subjekt, welches erkennt, und das Objekt ist das, was erkannt wird; die Beziehung zwischen beiden ist das Erkennen. Wir müssen also das Wesen des Erkenners verstehen lernen und ebenso das Wesen des Erkannten, und endlich auch das Wesen der zwischen ihnen hergestellten Beziehung – und wie diese Beziehung entsteht. Wenn es uns gelingt, diese Dinge zu verstehen, werden wir der Selbsterkenntnis, die Weisheit ist, in der Tat einen Schritt näher gekommen und fähig sein, zu Helfern der uns umgebenden Welt zu werden; denn dies ist der eigentliche Zweck der Weisheit, dass sie, von Liebe angefeuert, die Welt aus der Trübsal zu jener Erkenntnis emporhebt, in der alles Leid für immer verstummt. Dies ist der Gegenstand unseres Studiums; und es steht mit Recht in den Büchern jenes Volkes, welches die frühesten und zugleich auch genauesten Kenntnisse in der Psychologie besaß, dass es der Endzweck aller Philosophie ist, dem Leid ein Ende zu setzen. Zu diesem Zweck denkt der Erkenner, zu diesem Zweck suchen wir beständig nach Erkenntnis. Dem Leid ein Ende zu setzen, ist der tiefste Grund aller Philosophie, und nur *die* Weisheit ist echt, die dazu führt, den Frieden zu finden.

1

Das Wesen des Denkens

Das Wesen des Denkens kann von zwei Standpunkten aus untersucht werden – von der Seite des Bewusstseins aus, das Erkenntnis ist, oder von der Seite der Form aus, durch die Erkenntnis erlangt wird und deren Empfänglichkeit für Modifikationen das Erlangen von Erkenntnis ermöglicht. Diese Möglichkeit hat in der Philosophie zu zwei extremen Richtungen geführt, die wir beide vermeiden müssen, weil jede von ihnen eine Seite des manifestierten Lebens unbeachtet lässt. Die eine Richtung betrachtet alles als Bewusstsein und ignoriert die Wesentlichkeit der Form als Bedingung des Bewusstseins, die dieses erst möglich macht. Die andere betrachtet alles als Form und ignoriert die Tatsache, dass die Form nur vermöge des sie beseelenden Lebens existieren kann. Leben und Form, Geist und Materie, das Bewusstsein und sein Träger können sich nur unzertrennlich miteinander verknüpft manifestieren; sie sind die untrennbaren Aspekte des EINEN, das beiden innewohnt, das weder Bewusstsein ist noch dessen Träger, sondern die Wurzel von beiden. Eine Philosophie, die alles durch die Formen zu erklären versucht und dabei das Leben ignoriert, wird auf Probleme stoßen, die sie nicht lösen kann. Eine Philosophie, die alles durch das Leben zu erklären versucht und dabei die Formen ignoriert, wird vor Mauern stehen, die sie nicht übersteigen kann. Das letzte Wort hierüber ist, dass das Bewusstsein und seine Träger, Leben und Form, Geist und Materie, die zeitweiligen Ausdrucksweisen der beiden Aspekte des einen bedingungslosen Seins sind, das unerkannt bleibt, außer wenn es sich als die Wurzel des Geistes (von den Hindus *Pratyagatman* genannt), als das abstrakte Sein, der abstrakte Logos, von dem alle individuellen Selbste stammen, und als die Wurzel der Materie *(Mulaprakriti)*, von der alle Formen stammen, manifestiert. Wann immer eine solche Manifestation stattfindet, bringt diese Wurzel des Geistes ein dreifältiges Bewusstsein und diese Wurzel der Materie eine dreifältige Materie hervor; hinter diesen steht die Eine Wirklichkeit, dem beschränkten Bewusstsein stets unerkennbar. Die Blume sieht die Wurzel nicht, aus der sie hervorgegangen ist, obwohl sie ihr ganzes Leben aus ihr zieht und ohne sie nicht existieren könnte.

Das Selbst, als Erkenner, hat die charakteristische Funktion, dass es das Nicht-Selbst in sich spiegelt. Wie die lichtempfindliche Platte des Fotografen von den Gegenständen zurückgeworfene Lichtstrahlen in sich aufnimmt und wie diese Strahlen dann in der Materie, auf die sie fallen, Modifikationen verursachen, so dass man Bilder dieser Gegenstände erhalten kann, so verhält sich auch das Selbst in seinem Aspekt der Erkenntnis gegenüber der ganzen Außenwelt. Sein Träger ist eine Sphäre, auf der das Selbst vom Nicht-Selbst die reflektierten Strahlen des einen Selbstes empfängt, die auf der Oberfläche dieser Sphäre Bilder hervorrufen, Spiegelungen von dem, was nicht es selbst ist. Der Erkenner erkennt, solange sein Bewusstsein noch auf den Anfangsstufen steht, nicht die Dinge selbst. Er erkennt nur die Bilder, die durch die Einwirkung des Nicht-Selbstes auf seinem empfänglichen Gehäuse hervorgebracht werden, Fotografien der Außenwelt. Darum wird auch der Verstand, der Träger des Selbstes, mit einem Spiegel verglichen, in dem die Bilder aller Gegenstände zu sehen sind, die vor ihn hingestellt werden. Wir erkennen nicht die Dinge selbst, sondern nur die Wirkung, die von ihnen in unserem Bewusstsein hervorgerufen wird; es sind nicht die Gegenstände, sondern die Bilder dieser Gegenstände, die wir in unserem Verstand vorfinden. Wie der Spiegel die Gegenstände in sich zu enthalten scheint, diese scheinbaren Gegenstände aber nur Bilder, nur Illusionen sind, die durch die von den Gegenständen reflektierten Lichtstrahlen hervorgerufen werden, und nicht die Gegenstände selbst, so lernt auch der Intellekt bei seiner Erkenntnis der Außenwelt nur die täuschenden Bilder kennen und nicht die Dinge selbst. Diese im Träger hervorgerufenen Bilder werden vom Erkenner als Gegenstände wahrgenommen, und diese Wahrnehmung besteht darin, dass er sie in sich selbst reproduziert. Die Analogie des Spiegels und die Anwendung des Wortes »Spiegelung« im vorhergehenden Absatz sind ein wenig irreführend, denn das mentale Bild ist eine Reproduktion, nicht eine Spiegelung des Gegenstandes, der sie verursacht. Die Materie des Intellektes wird tatsächlich in ein Abbild des aufgezeigten Gegenstandes geformt, und dieses Abbild wird dann seinerseits vom Erkenner reproduziert. Wenn er sich so selbst zu einem Abbild eines äußeren Gegenstandes umgestaltet, sagt man, er erkenne den Gegenstand; aber in dem in Betracht gezogenen Fall ist das, was er erkennt, nur das in seinem Träger von diesem Gegenstand hervorgerufene Bild und nicht der Gegenstand selbst. Außerdem ist dieses Bild aus Gründen, die wir im nächsten Abschnitt besprechen werden, keine genaue Reproduktion des Gegenstandes.

Es mag nun gefragt werden: »Wird dies immer so sein? Werden wir nie die Dinge selbst erkennen?« Das führt uns zu der wichtigen Unterscheidung, die zwischen dem Bewusstsein und der Materie zu machen ist, in der das Bewusstsein wirkt; dadurch werden wir eine Antwort auf diese ganz natürliche Frage des menschlichen Intellektes finden. Wenn das Bewusstsein nach langer Entfaltung die Kraft entwickelt hat, in sich alles zu reproduzieren, was außerhalb existiert, dann fällt die materielle Hülle, in der es sich betätigt hat, ab, und das Bewusstsein, das Erkenntnis ist, identifiziert sein Selbst mit allen den Selbsten, unter denen es sich entwickelt hat, und betrachtet den Stoff, der mit jedem Selbst in gleicher Weise verbunden ist, als das Nicht-Selbst. Das ist der »Tag sei mit uns«, die Vereinigung, die der Triumph der Entwicklung ist, wenn das Bewusstsein sich selbst und die anderen kennt – und die anderen als sich selbst. Durch die Gleichheit des Wesens wird vollkommene Erkenntnis erlangt, und das Selbst erlebt jenen wunderbaren Zustand, in dem die eigene Identität nicht aufhört, die Erinnerung nicht verlorengeht, aber die Gesondertheit ihr Ende findet – und Erkenner, Erkennen und Erkenntnis eins sind.

Es ist diese wunderbare Natur des Selbstes, das sich in uns gegenwärtig durch wachsende Erkenntnis entwickelt, die wir zu studieren haben, um das Wesen des Denkens verstehen zu lernen; und dazu ist es nötig, klar die illusorische Seite zu durchschauen, damit wir diese dazu benutzen können, über sie hinauszuschreiten. Wir wollen also nun untersuchen, wie das Erkennen – die Beziehung zwischen Erkenner und Erkanntem – herbeigeführt wird, und dies wird uns dann zu einer tieferen Einsicht in das Wesen des Denkens führen.

Die Kette von Erkenner, Erkennen und Erkanntem

Es gibt ein Wort – das Wort Schwingung –, das immer mehr zum Grundton der Wissenschaft des Westens wird, wie es schon vor langer Zeit der Grundton der Wissenschaft des Ostens gewesen ist. Bewegung ist die Wurzel von allem. Leben ist Bewegung, Bewusstsein ist Bewegung; und diese auf die Materie einwirkende Bewegung ist Schwingung. Das Eine, das All, haben wir uns als veränderungslos zu denken, entweder als absolute Bewegung oder als Bewegungslosigkeit, da in dem Einen eine relative Bewegung nicht stattfinden kann. Erst wenn es Differenzierung oder Teile gibt, können wir an das denken, was wir Bewegung nennen, da Bewegung eine Ortsveränderung in zeitlicher Aufeinanderfolge bedeutet. Wenn aus dem Einen die Vielen werden, dann entsteht Bewegung. Ist diese Bewegung regelmäßig und rhythmisch, so haben wir Gesundheit, Leben und Bewusstsein; ist sie unregelmäßig und unrhythmisch, so haben wir Krankheit, Tod und Bewusstlosigkeit. Leben und Tod sind Zwillinge, beide sind aus der Bewegung, welche die Manifestation darstellt, hervorgegangen.

Bewegung muss notwendigerweise entstehen, wenn aus dem Einen die Vielen werden, denn wenn das Allgegenwärtige in

Form von gesonderten Teilchen erscheint, muss unendliche Bewegung die Allgegenwart repräsentieren oder, anders ausgedrückt, ihre Spiegelung oder ihr Bild in der Materie sein. Das Wesen der Materie ist Gesondertheit, wie das des Geistes Einheit ist; und wenn sie beide in dem Einen erscheinen, wie Rahm in Milch, so ist die Spiegelung der Allgegenwart dieses Einen in der Vielheit der Materie unaufhörliche und unendliche Bewegung. Absolute Bewegung – die Gegenwart jeder sich bewegenden Einheit an jedem Punkt des Raumes in jedem Augenblick der Zeit – ist identisch mit Ruhe, denn sie ist nur auf andere Weise betrachtete, nicht vom Geist, sondern vom Standpunkt der Materie aus gesehene Ruhe. Vom Standpunkt des Geistes ist immer nur Eines da, dagegen vom Standpunkt der Materie aus betrachtet, sind es stets Viele.

Diese unendliche Bewegung erscheint in der sie manifestierenden Materie in Form von rhythmischen Bewegungen, von Schwingungen, wobei jeder *Jiva*[*], jede gesonderte Bewusstseinseinheit, durch einen umgebenden Wall von Materie von allen anderen Jivas getrennt ist. Jeder *Jiva* wird ferner in verschiedene stoffliche Gewänder verkörpert oder eingehüllt. Wenn diese Hüllen schwingen, teilen sie ihre Schwingungen der sie umgebenden Materie mit, und diese Materie wird dadurch zum Medium, durch das die Schwingungen nach außen geleitet werden; dieses Medium teilt nun seinerseits den Schwingungsimpuls den Hüllen eines anderen *Jiva* mit und

---

[*] Es gibt kein passendes europäisches Wort für den Begriff »gesonderte Bewusstseinseinheit«, da »Geist« und »Seele« in verschiedenen Schulen des Denkens besondere Bedeutungen haben. Ich verwende darum statt der unbeholfenen Phrase »gesonderte Bewusstseinseinheit« das Sanskritwort »Jiva«.

Gedankenkraft

bringt auf diese Weise diesen *Jiva* dazu, in gleicher Weise wie der erste zu schwingen. In dieser Reihenfolge von Schwingungen – die in einem *Jiva* beginnen und in dem ihn umschließenden Körper erzeugt werden, dann von diesem Körper dem umgebenden Medium zugesandt, durch dieses einem Körper mitgeteilt und von diesem anderen Körper auf den von diesem umschlossenen *Jiva* übertragen werden – haben wir die Kette von Schwingungen vor uns, durch die ein *Jiva* den anderen erkennt. Der zweite erkennt den ersten, weil er den ersten in sich selbst reproduziert und in gleicher Weise Erfahrungen macht wie dieser, und doch mit einem gewissen Unterschied. Denn unser zweiter *Jiva* befindet sich ja schon selbst in einem Schwingungszustand, und die Art seiner Bewegung, nach Empfang des Impulses vonseiten des ersten, ist also nicht eine bloße Wiederholung dieses Impulses, sondern eine Kombination seiner eigenen ursprünglichen Bewegung mit der, die ihm von außen auferlegt wird, und sie ist daher keine vollkommene Reproduktion. Es werden wohl Ähnlichkeiten erreicht, die immer größer und größer werden, wirkliche Identität aber bleibt uns so lange versagt, als die Hüllen bestehen bleiben.

Eine solche Aufeinanderfolge von Schwingungstätigkeit lässt sich in der Natur häufig beobachten. Eine Flamme ist das Zentrum einer Schwingungstätigkeit im Äther, die wir Wärme nennen; diese Wärmeschwingungen oder Wärmewellen verursachen im umgebenden Äther Wellen, die ihnen gleichen, und diese versetzen den Äther in einem benachbarten Stück Eisen in ähnliche Wellen, seine Teilchen vibrieren unter diesem Impuls, und so wird das Eisen heiß und nun seinerseits ebenfalls zu einer Quelle von Wärme. Ebenso geht auch eine Schwingungsreihe von einem *Jiva* zu einem anderen über, und alle Wesen sind durch ein solches Netzwerk von Bewusstsein untereinander verknüpft.

Wir bezeichnen die verschiedenen Schwingungsfrequenzen, die in der Natur vorkommen, mit verschiedenen Namen und nennen die eine Licht, die andere Wärme, eine dritte Elektrizität, eine vierte Schall usw. Aber alle sind von derselben Natur, alle sind Arten von Bewegung im Äther*, wenn sie sich auch im Geschwindigkeitsgrad und Charakter der Wellen voneinander unterscheiden. Ebenso sind auch Gedanken, Wünsche und Handlungen, die aktiven Manifestationen von Erkenntnis, Wille und Energie in der Materie, alle von derselben Natur, d. h. alle bestehen aus Schwingungen, unterscheiden sich aber wegen des verschiedenen Charakters dieser Schwingungen in ihrer Erscheinung. Es gibt eine Schwingungsreihe besonderen Charakters in einer bestimmten Art von Materie, die wir Gedankenschwingungen nennen. Eine andere Schwingungsreihe nennen wir Schwingungen des Wünschens, eine dritte Art Schwingung der Tätigkeit. Diese Ausdrücke beschreiben bestimmte Tatsachen in der Natur. Es gibt eine bestimmte Art von Äther, die auf unsere Augen einwirkt; wir nennen diese Bewegung Licht. Es gibt einen anderen, viel feineren Äther, dessen Schwingungen wir mit unserem Verstand wahrnehmen, d. h. auf die wir durch diesen reagieren, und wir nennen diese Bewegung Gedanken. Wir sind von Materie verschiedener Dichtigkeit umgeben und bezeichnen deren Bewegung je nach der Art, wie sie auf

---

* Auch der Schall ist primär eine ätherische Schwingung.

uns einwirkt und wie die verschiedenen Organe unserer verschiedenen Körper, des dichten physischen und der feineren, darauf reagieren. Wir nennen »Licht« bestimmte Bewegungen, die unsere Augen beeinflussen, »Gedanken« bestimmte Bewegungen, die ein anderes Organ berühren, den Verstand. »Sehen« erfolgt, wenn der Lichtäther von einem Gegenstand aus in Wellen auf unser Auge geworfen wird. »Denken« erfolgt, wenn der Gedankenäther zwischen einem Gegenstand und unserem Verstand in Schwingungen versetzt wird. Ein Vorgang ist nicht geheimnisvoller und nicht weniger geheimnisvoll als der andere.

Wenn wir den Verstand untersuchen, werden wir gewahr, dass durch die Einwirkung von Gedankenwellen in der Anordnung seiner Bestandteile Veränderungen hervorgerufen werden und wir beim konkreten Denken immer wieder die ursprünglichen Anstöße von außen empfangen. Der Erkenner findet seine Aktivität in diesen Schwingungen, und alles, worauf diese antworten können, d. h. alles, was sie reproduzieren können, bedeutet Wissen. Der Gedanke ist eine im Verstand des Erkenners vorgenommene Reproduktion dessen, was nicht der Erkenner und was nicht das Selbst ist; er ist ein durch eine Kombination von Wellenbewegungen hervorgerufenes Gemälde, buchstäblich ein Bild. Ein Teil des Nicht-Selbstes schwingt, und wenn der Erkenner, darauf reagierend, ebenfalls schwingt, wird dieser Teil erkannt; die zwischen ihnen schwingende Materie ermöglicht das Erkennen dadurch, dass sie beide miteinander in Berührung bringt. So wird die Kette zwischen Erkenner, Erkanntem und Erkennen geschaffen und aufrechterhalten.

2

Der Erzeuger der Illusion

»Gleichgültig geworden gegenüber den Objekten der Sinneswahrnehmung, muss der Schüler nach dem Beherrscher der
Sinne, dem Gedankenerzeuger, der Täuschungen erweckt,
suchen.«

»Der Verstand ist der große Zerstörer des Wirklichen.«

So lesen wir in einem der Fragmente, die von H. P. Blavatsky aus dem *Buch der goldenen Lehren*, jenem wunderbaren
Gedicht in Prosa, übersetzt worden sind, einer der kostbars-
ten Gaben, die sie der Welt hinterlassen hat*. Es gibt in der Tat
keine treffendere Bezeichnung für den Verstand als die eines
»Erzeugers der Illusion«.

Der Verstand ist nicht der Erkenner selbst, und er sollte von
diesem immer sorgfältig unterschieden werden. Viele Ver-
wirrungen und Schwierigkeiten, die dem Studierenden hin-
dernd entgegentreten, entstehen daraus, dass er sich den Unterschied zwischen dem, der erkennt, und dem Verstand, der
nur dessen Werkzeug zur Erlangung von Erkenntnis ist, nicht
klar macht. Es ist dies gerade so, als wenn man den Bildhauer
seinem Meißel gleichsetzen wollte.

Der Verstand ist dem Grunde nach zweifältig und materiell,

---

* Diese Fragmente sind in dem Buch *Die Stimme der Stille* zusammengefasst.

er besteht einerseits aus einer Hülle feinerer Materie (genannt Kausalkörper) und *Manas* als abstraktem Verstand, und andererseits aus einer Hülle aus gröberer Materie (genannt Mentalkörper) und *Manas* als konkretem Verstand, wobei unter *Manas* der Reflex jenes Aspektes des Selbstes, der Erkenntnis ist, in atomarer Materie verstanden wird. Dieser Verstand schränkt den *Jiva* ein, welcher, wenn das Selbstbewusstsein zunimmt, sich durch ihn von allen Seiten gehindert findet. Geradeso wie ein Mensch, der zu irgendeinem Vorhaben dicke Handschuhe anzieht, herausfindet, dass seine Hände in ihnen die Kraft zu fühlen, die Feinheit der Berührung und die Fähigkeit, kleine Dinge anzufassen, verloren haben, und nur noch große Dinge anpacken und grobe Impulse empfinden können, so verhält es sich auch mit dem Erkenner, wenn er den Verstand anlegt. Die Hand ist noch ebenso da wie die Handschuhe, aber ihre Fähigkeiten sind bedeutend verringert; der Erkenner ist noch ebenso da wie der Verstand, aber seine Kräfte sind in ihrer Äußerung bedeutend eingeschränkt.

Zu bemerken ist, dass wir den Ausdruck Verstand in den folgenden Absätzen nur auf den konkreten Verstand, *Manas* und den Mentalkörper, beschränkt anwenden.

Der Verstand ist das Ergebnis vergangenen Denkens, und er wird fortwährend vom gegenwärtigen Denken modifiziert; er ist ein ganz bestimmtes Ding mit bestimmten Kräften und Mängeln, Stärken und Schwächen, welche das Ergebnis von in früheren Lebensläufen ausgeführten Tätigkeiten sind. Er ist so, wie wir ihn selbst gemacht haben; wir können ihn nur langsam verändern, wir können uns nicht durch eine Willensanstrengung über ihn erheben, wir können ihn weder beiseite schieben noch seine Unvollkommenheiten in einem Augenblick entfernen. So wie er ist, ist er unser Eigentum, ein Teil des Nicht-Selbstes, den wir uns angeeignet und zu unserem Gebrauch geformt haben, und nur durch ihn können wir erkennen.

Alle Ergebnisse vergangenen Denkens sind uns als Verstand gegenwärtig, jeder Verstand besitzt seine eigene Schwingungsrate, seinen eigenen Schwingungsbereich und befindet sich in einem Zustand ständiger Bewegung, der ihm eine stets wechselnde Reihe von Bildern vorführt. Jeder von außen kommende Eindruck trifft auf diese schon aktive Sphäre, und die Summe der schon vorhandenen Schwingungen modifiziert den neuen Ankömmling und wird selbst von ihm modifiziert. Das, was daraus resultiert, ist darum nicht eine genaue Reproduktion der neuen Schwingung, sondern eine Kombination derselben mit den schon bestehenden Schwingungen. Nehmen wir wieder das Licht als Beispiel. Wenn wir ein rotes Glas vor unser Auge halten und durch dasselbe auf einen grünen Gegenstand blicken, so erscheint uns dieser schwarz. Die Schwingungen, die in uns die Empfindung von Rot hervorrufen, werden von solchen aufgehoben, welche in uns die Empfindung von Grün erwecken, das Auge wird getäuscht und sieht den Gegenstand schwarz. Ebenso werden wir, wenn wir durch ein gelbes Glas auf einen blauen Gegenstand schauen, diesen schwarz sehen. In jedem Fall wird ein farbiges Medium den Eindruck einer Farbe hervorrufen, die verschieden ist von der, in der wir den Gegenstand mit bloßem Auge sehen. Selbst beim Sehen mit bloßem Auge sehen die Menschen die einzelnen Gegenstände verschieden, denn das Auge modifiziert die empfangenen

Schwingungen stärker, als die meisten Menschen sich dies vorstellen. Der Einfluss des Verstandes als eines Mediums, durch das der Erkenner die Außenwelt betrachtet, hat eine große Ähnlichkeit mit dem Einfluss des farbigen Glases auf die Gegenstände, die durch das Glas betrachtet werden. Dem Erkenner bleibt dieser Einfluss des Verstandes ebenso unbewusst, wie ein Mensch, der immer nur durch blaue oder rote Gläser sah, niemals gewahr werden würde, wie sich dadurch die Farben einer Landschaft verändern.

In diesem an der Oberfläche liegenden, leicht erkennbaren Sinn wird der Verstand »Erzeuger der Illusion« genannt. Er liefert uns nur entstellte Bilder, eine Kombination von sich selbst und den äußeren Gegenständen. Tatsächlich ist er aber in einem noch viel tieferen Sinn ein »Erzeuger der Illusion«, insofern als auch diese entstellten Bilder nur Bilder von Erscheinungen sind und nicht von Wirklichkeiten; Schatten von Schatten, das ist alles, was er uns liefert. Aber für den Augenblick wird es genügen, jene Illusionen ins Auge zu fassen, die durch seine eigene Natur erzeugt werden.

Unsere Vorstellungen von der Welt würden ganz andere sein, wenn wir sie – auch in ihrer phänomenalen Seite – so erkennen könnten, wie sie ist, anstatt nur durch Schwingungen, die durch unseren Verstand modifiziert sind. Dies ist durchaus nicht unmöglich, wenn es auch nur die vermögen, die in der Beherrschung des Verstandes sehr weit gekommen sind. Die Schwingungen des Verstandes können dadurch zur Ruhe gebracht werden, dass man das Bewusstsein von ihm abzieht; dann ruft ein Anstoß von außen ein Bild hervor, das ihm genau entspricht, denn dann sind die Schwingungen quali-

Gedankenkraft

tativ und quantitativ identisch und nicht mit Schwingungen vermengt, die dem Beobachter angehören. Das Bewusstsein kann nach außen treten und den beobachteten Gegenstand beseelen, um so dessen Schwingungen unmittelbar zu erfahren. In beiden Fällen wird eine wahre Kenntnis der Form erlangt. Auch die Idee in der Welt des Geistes, von welcher die Form einen phänomenalen Aspekt zum Ausdruck bringt, kann erkannt werden, aber nur durch das im Kausalkörper wirkende Bewusstsein, das vom konkreten Verstand und den niederen Körpern nicht behindert ist.

Die Tatsache, dass wir nur die Eindrücke erkennen, die die Dinge auf uns machen, und nicht die Dinge selbst, ausgenommen in den soeben erwähnten Fällen – ist für das praktische Leben von vitaler Bedeutung. Sie lehrt uns Demut, Vorsicht und die Bereitwilligkeit, auf neue Ideen zu hören. Wir verlieren unser instinktives Gefühl der Sicherheit hinsichtlich der Richtigkeit unserer Beobachtungen, und wir lernen, uns selbst zu prüfen, ehe wir andere verurteilen.

Ein Beispiel möge dies noch erläutern:

Gesetzt, ich begegne einer Person, deren Schwingungstätigkeit von solcher Art ist, dass wir einander sozusagen wechselseitig aufheben, dann mögen wir einander nicht. Jeder von uns kann an dem anderen nichts finden und sich darum auch nicht erklären, warum dieser oder jener den anderen für so gescheit hält, während wir selbst einander doch offenbar als ungewöhnlich dumm empfinden. Habe ich aber schon ein wenig Selbsterkenntnis erlangt, so werde ich der Sache meinerseits bald auf den Grund kommen. Statt den anderen einfach für dumm zu erklären, werde ich mir die Frage vorlegen: »Wo fehlt es in mir, dass ich auf seine Schwingungen nicht reagieren kann? Es sind doch bei uns beiden Schwingungen vorhanden, und wenn ich für das Leben und Denken dieses Menschen kein rechtes Verständnis besitze, so liegt dies offenbar daran, dass ich seine Schwingungen nicht reproduzieren kann. Wie sollte ich da über ihn urteilen, da ich ihn doch nicht einmal wirklich erkennen kann, solange ich mich nicht so weit geändert habe, dass ich imstande bin, ihn geistig aufzunehmen?« Andere können wir nicht in stärkerem Maße ändern, aber uns selbst können wir wesentlich ändern, und wir sollten ständig danach trachten, unsere Aufnahmefähigkeit zu erweitern. Wir müssen wie das weiße Licht werden, in dem alle Farben gegenwärtig sind, da es keine Farbe entstellt oder abstößt und in sich die Kraft besitzt, auf alle Farben zu antworten. Unsere Annäherung an ein solches Weißsein können wir nach unserem Vermögen bemessen, auf die verschiedensten Charaktere zu reagieren.

Der Mentalkörper und Manas

Wir wollen uns nun der Zusammensetzung des Verstandes als eines Organes des Bewusstseins in seinem Aspekt als Erkenner zuwenden und sehen, welcher Art diese Zusammensetzung ist, auf welche Weise wir den Verstand in der Vergangenheit aufgebaut haben und wie wir ihn in der Gegenwart umbilden können.

Auf der Seite des Lebens ist der Verstand *Manas*, und *Manas* ist die Spiegelung des erkennenden Aspektes des Selbstes

– des Selbstes als Erkenner in der atomaren Materie der dritten, der mentalen Ebene.

Auf der Seite der Form zeigt der Verstand zwei Aspekte, von denen jeder für sich die Tätigkeit von *Manas*, d. h. des in der Mentalsphäre wirkenden Bewusstseins, konditioniert. Diese Aspekte entstehen durch die Ansammlungen der Materie, die rund um das atomare Schwingungszentrum angezogen werden. Diese Materie nennen wir ihrer Natur und ihrer Verwendung gemäß Mental- oder Gedankenmaterie. Sie bildet eine mächtige Region im Weltall, durchdringt die astrale und physische Materie und existiert, gleich den Aggregatzuständen der Materie der physischen Ebene, in sieben Unterabteilungen. Sie reagiert vorwiegend auf Schwingungen, die von jenem Aspekt des Selbstes kommen, der Erkenntnis ist, und dieser Aspekt prägt ihr seinen besonderen Charakter auf.

Der erste, höhere Aspekt der Formseite des Verstandes wird Kausalkörper genannt. Er setzt sich aus der fünften und sechsten Unterabteilung der Mentalsphäre zusammen, welche den feineren Ätherarten der physischen Ebene entsprechen. Dieser Kausalkörper ist bei den meisten Menschen auf der gegenwärtigen Entwicklungsstufe noch wenig entfaltet, da er von mentalen Tätigkeiten, die sich auf äußere Dinge richten, unberührt bleibt. Wir können ihn deshalb einstweilen beiseite lassen. Er ist das Organ für das abstrakte Denken.

Der zweite Aspekt wird Mentalkörper genannt und setzt sich aus den vier niederen Unterabteilungen der Mentalsphäre zusammen, die dem dichtesten ätherischen, dem gasförmigen, dem flüssigen und dem festen Aggregatzustand der physischen Ebene entsprechen. Man könnte ihn recht wohl den dichten Mentalkörper nennen. Die Mentalkörper zeigen sieben große Grundtypen, von denen jeder einzelne Formen umfasst, die auf den verschiedensten Entwicklungsstufen stehen; Wachstum und Entwicklung ist bei allen den gleichen Gesetzen unterworfen. Diese Gesetze zu verstehen und anzuwenden bedeutet, den langsamen Entwicklungsverlauf der Natur durch von Einsicht geleitetes eigenes Eingreifen in ein viel schnelleres Wachstum zu verwandeln. Darum ist das Studium dieser Gesetze so ungeheuer wichtig.

Bildung und Entwicklung des Mentalkörpers

Die Methode, nach der das Bewusstsein seinen Träger aufbaut, ist etwas, worüber wir uns möglichst klar werden sollten, denn jeder Tag, ja jede Stunde unseres Lebens gibt uns Gelegenheit, sie für hohe Ziele anzuwenden. Ob wir wachen oder schlafen, stets bauen wir an unserem Mentalkörper; denn sobald unser Bewusstsein schwingt, beeinflusst es die umgebende Mentalmaterie, und selbst die leiseste Regung des Bewusstseins, die nur durch einen flüchtigen Gedanken entsteht, zieht etliche Partikel Mentalmaterie in den Mentalkörper hinein und treibt andere hinaus. Soweit dies die Hülle – den Körper – betrifft, beruht dies auf den Schwingungen. Aber es darf nicht vergessen werden, dass das Wesen des Bewusstseins darin besteht, dass es sich ständig mit dem Nicht-Selbst identifiziert und ebenso sich ständig wiederum selbst behauptet, indem es das Nicht-Selbst zurückweist. Bewusstsein besteht aus ständiger Bejahung und Verneinung: »Ich bin dies«, »ich bin dies nicht«. Seine Bewegung besteht also aus der Anziehung und Abstoßung, die in der Materie die von uns so benannten Schwingungen hervorrufen. Die umgebende Materie wird ebenfalls in Wellenbewegungen versetzt und dient dadurch als Medium, durch das das Bewusstsein anderer beeinflusst wird.

Die Feinheit oder Grobheit der so angezogenen Materie hängt von der Qualität der Schwingungen ab, die durch das Bewusstsein hervorgerufen werden. Reine und hohe Gedanken bestehen aus sehr raschen Schwingungen, in die nur die feineren und subtileren Mentalstoffpartikel versetzt werden können. Die gröberen Partikel bleiben davon unberührt, da sie nicht fähig sind, genügend schnell zu schwingen. Wenn ein derartiger Gedanke den Mentalkörper in Schwingung versetzt, werden gröbere Partikel aus dem Körper herausgetrieben, und ihr Platz wird durch feinere Partikel eingenommen, so dass auf diese Weise das Baumaterial des Mentalkörpers verbessert wird. Umgekehrt ziehen niedrige und schlechte Gedanken das zu ihrem Ausdruck geeignete gröbere Material in den Mentalkörper hinein, das dann das dort vorhandene feinere Material verdrängt und hinaustreibt.

Auf solche Weise wird durch diese Schwingungen des Bewusstseins fortwährend bestimmte Materie aus dem Mentalkörper herausgeschüttelt und andere in ihn aufgenommen. Daraus folgt, dass unsere gegenwärtige Fähigkeit, auf Gedanken zu reagieren, die von außen auf uns zukommen, davon abhängt, welche Art von Materie wir in der Vergangenheit in unseren Mentalkörper eingebaut haben. Besteht dieser aus feinerem Material, dann wird er auf rohe und böse Gedanken nicht reagieren, und diese können auch keinen Schaden stiften. Besteht er dagegen aus grobem Material, dann wird er von jedem vorbeiziehenden bösen Gedanken beeinflusst werden, auf gute Gedanken aber nicht reagieren und von ihnen keinen Nutzen ziehen.

Wenn wir mit einem Menschen in Berührung kommen, dessen Gedanken sich in hohen Regionen bewegen, dann werden seine auf uns einwirkenden Gedankenschwingungen in unserem Mentalkörper jene Materie in Schwingung versetzen, die darauf zu reagieren fähig ist, und diese Schwingungen werden etliches von jener Materie aufrühren und vielleicht auch austreiben, die zu grob ist, um diese hohe Schwingungsfrequenz mitmachen zu können. Inwieweit die Begegnung mit einem solchen Menschen für uns wohltätig sein kann, hängt deshalb weitgehend von der Qualität unseres bisherigen Denkens ab; unser »Verständnis« für ihn, unsere Empfänglichkeit, ist dadurch bedingt. Wir können nicht für einen anderen denken, er kann nur seine eigenen Gedanken denken. Dadurch erzeugt er in der ihn umgebenden Mentalmaterie Schwingungen, diese wirken auf uns ein und verursachen in unserem Mentalkörper gleichartige Schwingungen. Diese wiederum wirken auf unser Bewusstsein ein. Ein außenstehender Denker kann also auf unser Bewusstsein nur dadurch einwirken, dass er in unserem Mentalkörper solche Schwingungen hervorruft.

Aber auf die Erzeugung solcher von außen verursachter Schwingungen folgt nicht immer sofortiges Verstehen. Manchmal gleicht die Wirkung jener von Sonne, Regen und Erde auf einen im Boden eingegrabenen Samen. Zuerst ist von einer Reaktion auf die den Samen treffenden Schwingungen äußerlich nichts zu merken; innerlich aber beginnt das beseelende Leben leise zu schwingen, und dieses Schwingen nimmt von Tag zu Tag zu, bis endlich das sich entwickelnde Leben die Samenhülle sprengt und eine Wurzel und einen Keim hervortreibt. So verhält es sich auch mit dem Verstand. Das Bewusstsein vibriert schon eine Zeit lang leise in sich selbst, ehe es fähig wird, eine Antwort nach außen zu geben. Wenn wir auch noch nicht imstande sind, einen edel gesinnten Menschen zu verstehen, so beginnt doch in uns ein unbewusstes leises Vibrieren als Vorbote der kommenden Resonanz. Wenn wir aus der Gegenwart eines großen Denkers fortgehen, so sind wir dem ihm entströmenden reichen Gedankenleben etwas näher, als wir es beim Eintreten waren. In uns ruhende Keime von Gedanken wurden belebt, unserer intellektuellen Entwicklung wurde geholfen.

Manches kann also zur Bildung und Entwicklung unseres Verstandes von außen beigetragen werden, das meiste aber muss sich aus der Tätigkeit unseres eigenen Bewusstseins ergeben, und wenn wir einen Mentalkörper haben wollen, der kraftvoll, von Leben erfüllt, aktiv und für uns dargebotene höhere Gedanken aufnahmefähig sein soll, dann müssen wir stetig bestrebt sein, richtig zu denken; denn wir sind unsere eigenen Bildner und formen unseren Verstand selbst.

Viele Leute sind große Leser. Aber bloßes Lesen trägt nichts zum Aufbau des Verstandes bei, nur das Denken bildet ihn. Das Lesen ist nur insofern nützlich, als es Material zum Denken liefert. Ein Mensch mag viel lesen, aber sein mentales Wachstum wird von dem Ausmaß an Denkarbeit abhängen, die er für sein Lesen verwendet. Der Wert der Gedanken, die er liest, hängt für ihn von dem Gebrauch ab, den er davon macht. Wenn er die Gedanken nicht aufgreift und selbst durcharbeitet, wird ihr Wert für ihn nur gering und vorübergehend sein. »Lesen stopft den Menschen voll«, sagte Francis Bacon, und es verhält sich mit dem Verstand geradeso wie mit dem Körper. Essen füllt den Magen an; aber geradeso, wie das Essen für den Körper keinen Wert hat, wenn es nicht verdaut und assimiliert wird, so kann zwar auch der Verstand mit Lesen angefüllt werden, aber wenn er nicht darüber nachdenkt, erfolgt keine Verarbeitung des Gelesenen, und der Verstand wächst dadurch nicht, sondern wird unter einer solchen Überladung eher Schaden leiden und durch die Last unverarbeiteter Vorstellungen eher geschwächt als gestärkt werden.

Wir sollten darum weniger lesen und mehr denken, wenn wir das Wachstum unseres Verstandes und die Entwicklung unserer Intelligenz fördern möchten. Wenn wir den ernstlichen Wunsch hegen, unseren Verstand wirklich auszubilden, sollten wir täglich eine Stunde dem Studium irgendeines ernsten und bedeutenden Buches widmen, und wenn wir fünf Minuten darin gelesen haben, dann sollten wir zehn Minuten lang über das Gelesene nachdenken, und so fort die ganze Stunde hindurch. Die gewöhnliche Art zu lesen ist es, die ganze Stunde rasch weiter zu lesen und dann das Buch zur Seite zu legen, bis die nächste Zeit zum Lesen gekommen ist. Deshalb wächst auch die Gedankenkraft der Menschen so außerordentlich langsam.

Ein ernstlich nach Wachstum strebender Studierender sollte den Entschluss fassen, keinen Tag vorübergehen zu lassen, an dem er nicht wenigstens fünf Minuten lang gelesen und etwa zehn Minuten gründlich über das Gelesene nachgedacht hat. In der ersten Zeit wird er diese Bemühung ermüdend und anstrengend finden, und er wird merken, wie schwach seine Denkkraft ist. Diese Entdeckung kennzeichnet den ersten Schritt, den er zu machen hat; denn es ist schon viel, einzusehen, dass man außerstande ist, scharf und folgerichtig zu denken. Menschen, die nicht denken können, sich aber einbilden, sie könnten es, machen keine großen Fortschritte. Es ist besser, man kennt seine Schwäche, als man bildet sich ein, stark zu sein, während man schwach ist. Das Sich-Bewusstwerden einer Schwäche, wie jener des Herumwanderns der Gedanken oder der Erhitzung, Verwirrung und Ermüdung, die sich nach einer länger fortgesetzten intensiven Denkarbeit im Gehirn geltend macht, entspricht ganz den ähnlichen Empfindungen in den Muskeln nach einer starken Anstrengung. Durch regelmäßige und ausdauernde, aber nicht übertriebene Übungen wird die Gedankenkraft ebenso gefördert wie die Muskelkraft, und in dem Maße, wie die Gedankenkraft wächst, erlangt man auch Herrschaft darüber und vermag sie auf bestimmte Ziele hinzuleiten. Ohne solche Denkschulung bleibt der Mentalkörper ein Gebilde ohne Organisation, und ohne die Fähigkeit zur Konzentration – zur Fixierung der Gedanken auf einen Punkt – kann die Kraft der Gedanken nicht benützt werden.

3
Gedankenübertragung (Telepathie)

Heutzutage bemühen sich sehr viele Menschen, Gedankenübertragung zu üben, und sie ergehen sich in allerhand Träumereien, wie schön es wäre, wenn man ganz ohne Hilfe von Post und Fernschreiben mit entfernten Freunden verkehren könnte. Viele scheinen zu glauben, sie könnten dies ohne größere Anstrengungen erreichen, und sind sehr überrascht, wenn ihre Versuche gänzlich fehlschlagen. Aber es ist wohl klar, dass man zuerst imstande sein muss zu denken, ehe man Gedanken übertragen kann, dass eine gewisse Fähigkeit stetigen Denkens unentbehrlich ist, ehe man einen Gedankenstrom durch den Raum senden kann. Das schwächliche, hin und her schwankende Denken der Mehrzahl der Menschen erzeugt in der Gedankensphäre nur schwach flackernde Schwingungen, die von Minute zu Minute bald erscheinen, bald wieder verschwinden und nur unbestimmte, mit sehr geringer Lebenskraft begabte Formen entstehen lassen. Eine Gedankenform muss klar umrissen und von hinreichendem Leben erfüllt sein, wenn sie in einer bestimmten Richtung ausgesandt werden soll, und sie muss auch hinlängliche Stärke besitzen, um beim Erreichen ihres Zieles eine Reproduktion ihrer selbst bewirken zu können.

Es gibt zweierlei Methoden der Gedankenübertragung, eine, die wir als physische, und eine andere, die wir als psychische bezeichnen können. An der einen ist sowohl das Gehirn als auch der Verstand beteiligt, an der anderen nur der Verstand. Wenn ein Gedanke im Bewusstsein erzeugt wird, beginnt er, Schwingungen hervorzurufen, zuerst im Mentalkörper, dann im Astralkörper, dann in den ätherischen und schließlich in den physischen Molekülen des Gehirns. Durch diese Schwingungen wird der umgebende physische Äther beeinflusst, und diese Wellen bewegen sich nach außen weiter, bis sie ein anderes Gehirn erreichen und nun in dessen physischem und ätherischem Teil Schwingungen erregen. Durch dieses empfangende Gehirn werden dann in dem zu ihm gehörenden Astral- und Mentalkörper Schwingungen verursacht, und die Schwingungen im Mentalkörper rufen dann ein darauf reagierendes Vibrieren im betreffenden Bewusstsein hervor. Aber das Durchfahren einer solchen »Schleife« ist nicht nötig. Das Bewusstsein kann, wenn es in seinem Mentalkörper Schwingungen erzeugt, diese auch direkt dem Mentalkörper des empfangenden Bewusstseins zusenden und so den soeben beschriebenen Umweg vermeiden. Dies sind die beiden Methoden der Gedankenübertragung.

Wir wollen nun sehen, was im ersten Fall geschieht. Es gibt im Gehirn ein kleines Organ, die Zirbeldrüse, dessen Funktion den westlichen Physiologen unbekannt ist und mit dem sich auch die westlichen Psychologen nicht befassen. Bei den meisten Menschen ist es ein rudimentäres Organ, aber es befindet sich in Entwicklung und nicht in Rückbildung, und seine Entwicklung lässt sich bis zu einem Stadium vorantreiben, in welchem es seine eigentliche Funktion ausüben kann, die es in der Zukunft einmal bei allen Menschen ausführen soll. Die Zirbeldrüse ist das Organ für Gedankenübertragung, so wie das Auge das Organ des Sehens und das Ohr das Organ des Hörens ist.

Wenn jemand mit Konzentration und beharrlicher Aufmerksamkeit sehr intensiv über eine bestimmte Vorstellung nachdenkt, dann wird er in der Zirbeldrüse ein leises Zucken oder Kribbeln spüren, das man mit dem Kribbeln einer Ameise verglichen hat. Das Zucken findet in dem die Zirbeldrüse durchdringenden Äther statt und verursacht einen schwachen magnetischen Strom, der in den dichten Molekülen dieser Drüse dieses Gefühl des Kribbelns hervorruft. Ist der Gedanke stark genug, um diesen Strom zu erzeugen, so kann der Denker daraus schließen, dass es ihm geglückt ist, seine Gedanken bis zu einer solchen Schärfe und Stärke zu bringen, dass sie übertragen werden können.

Diese Schwingung im Äther der Zirbeldrüse ruft in dem umgebenden Äther Wellen hervor, die den Lichtwellen ähneln, nur kürzer und schneller sind. Diese Wellen setzen den Äther nach allen Richtungen in Bewegung, und diese Ätherwellen bewirken ihrerseits Wellenbewegungen im Äther der Zirbeldrüse eines anderen Gehirns, die von diesem aufeinander folgend zuerst auf den Astralkörper und dann auf den Mentalkörper übertragen werden und so das Bewusstsein erreichen. Wenn diese zweite Zirbeldrüse diese Wellenbewegungen nicht reproduzieren kann, wird der Gedanke unbemerkt vorübergleiten; er macht ebenso wenig Eindruck wie Lichtschwingungen auf das Auge eines Blinden.

Bei der zweiten Methode der Gedankenübertragung sendet der Denker, der in seiner eigenen Sphäre eine Gedankenform gebildet hat, diese nicht in sein Gehirn herab, sondern leitet sie auf der Mentalebene unmittelbar einem anderen Denker zu. Die Kraft, dies willentlich auszuführen, setzt eine viel höhere mentale Entwicklung voraus als die physische Methode der Gedankenübertragung, denn der Sender muss auf der Mentalebene bewusst sein, um diese Tätigkeit vorbedacht ausführen zu können.

Unbewusst und indirekt wird diese Kraft aber von uns allen ständig ausgeübt, da all unser Denken in unserem Mentalkörper Schwingungen verursacht, die ihrer Natur nach durch den umgebenden Mentalstoff fortgepflanzt werden müssen, und es ist kein Grund vorhanden, weshalb man den Begriff der Gedankenübertragung auf die bewusste und absichtliche Übermittlung eines bestimmten Gedankens von einer Person auf eine andere beschränken sollte. Wir wirken durch diese absichtslos ausgesandten Gedankenschwingungen alle ständig aufeinander ein, und das, was man die öffentliche Meinung nennt, wird hauptsächlich auf diese Weise erzeugt. Die meisten Menschen denken nicht darum in einer bestimmten Richtung, weil sie über eine Frage sorgfältig nachgedacht haben und zu einem Schluss gekommen sind, sondern einfach darum, weil sehr viele andere Menschen in der gleichen Richtung denken und sie dadurch mit fortreißen. Der kraftvolle Gedanke eines großen Denkers geht in die Gedankenwelt ein und wird von allen darauf empfänglich reagierenden Gemütern aufgefangen. Sie reproduzieren seine Schwingungen und führen auf diese Weise der Gedankenwelle zusätzliche Kraft zu, so dass sie jetzt auf andere einwirkt, die auf die ursprünglichen Schwingungen nicht reagiert hätten. Diese wiederum führen den Schwingungen neuerlich zusätzliche Kraft zu, bis sie schließlich so stark werden, dass sie auf große Massen von Menschen einwirken.

Die öffentliche Meinung übt, sobald sie sich einmal gebildet hat, auf das Denken der großen Menge einen dominierenden Einfluss aus, da sie unaufhörlich auf die verschiedenen Gehirne einwirkt und in ihnen entsprechende Schwingungen hervorruft.

Es gibt auch bestimmte nationale Denkweisen, bestimmte tief gegrabene Denkkanäle, die durch jahrhundertelanges Reproduzieren ähnlicher Gedanken entstanden sind, die mit der Geschichte, den Kämpfen und den Lebensgewohnheiten der betreffenden Nation zusammenhängen. Diese modifizieren und färben grundlegend den Verstand aller Menschen, die in die betreffende Nation hineingeboren werden, und alles, was von außen an die Nation herantritt, wird durch den nationalen Schwingungsrhythmus verändert. So wie Gedanken, die von der Außenwelt an uns herantreten, durch unseren Mentalkörper modifiziert werden, so dass wir, wenn wir sie aufnehmen, in Wirklichkeit eine Resultierende aus unseren eigenen und aus ihren Schwingungen empfangen, so nehmen auch Nationen, wenn sie von anderen Nationen Eindrücke empfangen, diese durch ihren eigenen nationalen Schwingungsrhythmus modifiziert auf. So sehen die Engländer und die Franzosen, die Inder und die Afrikaner zwar die gleichen Tatsachen, aber sie fügen ihnen ihre eigenen, schon bestehenden Voreingenommenheiten hinzu, und sie werfen einander dann aus ehrlicher Überzeugung vor, dass der andere die Tatsachen fälsche und unfaire Methoden anwende. Würde diese Wahrheit anerkannt und ihre Unvermeidlichkeit eingesehen werden, so würden viele internationale Streitigkeiten leichter beigelegt werden, als dies gegenwärtig der Fall ist. Viele Kriege würden vermieden und jene, die ausbrechen, leichter und rascher beendet werden; denn jede Nation würde dann das berücksichtigen, was man manchmal die »persönliche Gleichung« nennt, und statt die andere Nation wegen ihrer abweichenden Ansichten zu tadeln, würde dann jede suchen, zwischen den beiden auseinander gehenden Auffassungen einen Mittelweg zu finden und aufhören, ausschließlich auf der eigenen Anschauung zu beharren.

Die praktisch sehr bedeutsame Frage, die aus der Erkenntnis dieser fortwährenden allgemeinen Gedankenübertragung für den Einzelnen entsteht, ist nun aber die: Was kann ich an Gutem gewinnen und was kann ich an Schlechtem vermeiden, da ich sehe, dass ich in einer gemischten Atmosphäre leben muss, in der sowohl gute als auch schlechte Gedankenwellen ständig aktiv sind und an mein Gehirn anschlagen? Wie kann ich mich gegen eine nachteilige Gedankenübertragung schützen und aus einer wohltätigen Vorteil ziehen? Die Kenntnis der Art und Weise, wie unsere Kraft des Wählens wirkt, ist von lebenswichtiger Bedeutung.

Jeder einzelne Mensch ist derjenige, der auf seinen eigenen Mentalkörper den anhaltendsten Einfluss ausübt. Andere tun es gelegentlich, er selbst aber immer. Der Redner, dem er zuhört, der Verfasser des Buches, das er liest, beeinflussen seinen Mentalkörper zwar, aber sie sind nur Episoden in seinem Leben – er selbst ist der permanente Faktor. Sein eigener Einfluss auf die Zusammensetzung seines Mentalkörpers ist viel stärker als der von irgendjemand anderem; er selbst bestimmt den normalen Schwingungsrhythmus seines Verstandes. Gedanken, die sich mit diesem Rhythmus nicht in Harmonie befinden, werden, wenn sie den Verstand berühren, sofort abgestoßen. Wenn ein Mensch Wahrheit denkt, können sich Lügen in seinem Verstand nicht einnisten; denkt er Liebe, so kann Hass ihn nicht beunruhigen; denkt er Weisheit, so kann Unwissen ihn nicht lähmen. Hierin allein herrscht Sicherheit, herrscht wirkliche Kraft. Der Verstand darf sozusagen nicht brachliegen, denn dann kann jeder Gedanke darin Wurzel schlagen und wachsen; es darf dem Verstand auch nicht gestattet werden, zu schwingen, wie es ihm gefällt, denn dann antwortet er auf jede an ihm vorbeiziehende Schwingung.

Hierin liegt die praktische Lehre. Der Mensch, der sie beherzigt, wird ihren Wert bald herausfinden und entdecken, wie durch das Denken das Leben edler und glücklicher gemacht werden kann und es wahr ist, dass wir durch Weisheit dem Leid ein Ende setzen können.

4

Die Anfänge des Denkens

Außerhalb der Kreise der Philosophen und Psychologen befassen sich nur wenige Menschen mit der Frage: Wie entsteht das Denken? Wenn wir jetzt zur Welt kommen, finden wir uns im Besitz einer großen Menge fertiger Grundbegriffe, eines großen Vorrates sogenannter »angeborener Vorstellungen«. Es sind dies gewisse Begriffe, die wir mit in die Welt bringen, die kondensierten und zusammengefassten Ergebnisse unserer Erfahrungen, die wir in jenem Leben gemacht haben, die dem jetzigen vorangingen. Mit diesem mentalen Grundstock beginnen wir die Verrichtungen dieses Lebens, und der Psychologe kommt also nie in die Lage, durch direkte Beobachtung die wirklichen Anfänge des Denkens studieren zu können.

Er kann jedoch aus der Beobachtung des Kindes etwas lernen, denn ebenso wie der neue physische Körper in seinem vorgeburtlichen Leben die lange physische Evolution der Vergangenheit durcheilt, so durcheilt auch der neue Mentalkörper rasch die Stufen seiner langen Entwicklung. Dieser »Mentalkörper« ist allerdings nicht identisch mit dem Denken, und wenn wir den neuen Mentalkörper untersuchen, so untersuchen wir daher nicht wirklich »die Anfänge des Denkens«. Dazu kommt noch, dass nur wenige Menschen den Mentalkörper direkt untersuchen können, die meisten müssen sich auf die Beobachtung der Wirkungen beschränken, die dieser Körper auf seine dichteren Kameraden, das Gehirn und das Nervensystem, ausübt. »Denken« unterscheidet sich vom Mentalkörper ebenso sehr wie vom physischen Körper; es gehört dem Bewusstsein, also der Seite des Lebens an, während der mentale und der physische Körper gleicherweise der Seite der Form und der Materie angehören und nur vorübergehende Träger und Werkzeuge sind. Wie schon bemerkt, muss der Studierende stets zwei Dinge im Auge behalten, »die Unterscheidung zwischen dem, der erkennt, und dem Verstand, der nur sein Werkzeug zur Erkenntnis ist«, und die schon gegebene Definition des Wortes »Verstand« als »der Mentalkörper und *Manas*« – also als etwas Zusammengesetztes.

Wir können jedoch, wenn wir die Wirkung des Denkens auf diese beiden Körper, wenn sie neu sind, untersuchen, durch Analogie auf die Anfänge des Denkens schließen, wenn ein Selbst in irgendeinem gegebenen Weltall zum ersten Mal mit dem Nicht-Selbst in Berührung kommt. Derartige Untersuchungen können uns nach dem bekannten Axiom »wie oben, so unten« von Nutzen sein. Hier unten ist alles nur Spiegelung, und wenn wir diese Spiegelungen untersuchen, können wir etwas von den Dingen lernen, die sie hervorrufen.

Wenn man ein kleines Kind aufmerksam beobachtet, wird man sehen, dass Empfindungen – also Antworten auf Sinnesreize durch Gefühle der Freude oder des Schmerzes – jeglichem Anzeichen von Intelligenz vorausgehen, zuerst kommt also ein vages Empfinden, dann das bestimmte Erfassen. Vor der Geburt wurde das Kind durch die Lebenskräfte erhalten, die durch den Körper der Mutter fließen. In dem Augenblick, in dem es in eine selbstständige Existenz ausgesetzt wird, werden diese Lebenskräfte abgeschnitten. Das Leben fließt aus dem Körper aus und wird nicht wieder erneuert; sobald die Lebenskräfte nachlassen, wird ein Mangel empfunden, und dieser Mangel bedeutet Schmerz. Die Stillung der Bedürfnisse gewährt Behagen und Freude, und das Kind sinkt wieder in Unbewusstheit zurück. Anblicke und Töne erregen jetzt Empfindungen, es tritt aber noch kein Anzeichen eines intellektuellen Lebens auf. Das erste Zeichen von Intelligenz ist es, wenn der Anblick oder die Stimme der Mutter mit der Stillung des immer wiederkehrenden Bedürfnisses und dem Wohlbehagen verknüpft wird, das die Nahrung gewährt, wenn also eine Gruppe von wiederkehrenden Empfindungen durch die Erinnerung mit einem äußeren Gegenstand verknüpft wird, der als ein von diesen Empfindungen abgetrenntes Ding und als deren Ursache betrachtet wird. Denken ist das Bewusstwerden einer Beziehung, die zwischen vielen Empfindungen und einer sie verknüpfenden Einheit besteht. Dies ist der erste Ausdruck von Intelligenz, der erste Gedanke – eine Wahrnehmung im technischen Sinne des Wortes. Das Wesentliche dabei ist die Errichtung einer solchen Beziehung zwischen einer Bewusstseinseinheit – einem *Jiva* – und einem Gegenstand; wo immer eine solche Beziehung besteht, da ist Denken vorhanden.

Diese einfache und stets überprüfbare Tatsache mag als ein allgemeines Beispiel für den Beginn des Denkens in einem gesonderten Selbst dienen – in einem dreifältigen Selbst, das in einer Hülle von Materie eingeschlossen ist, wie fein diese auch sein mag, in *einem* Selbst, zum Unterschied von *dem* Selbst.

In einem solchen abgetrennten Selbst gehen die Empfindungen den Gedanken voraus; die Aufmerksamkeit des Selbstes wird durch einen auf es wirkenden Eindruck erregt, der durch eine Empfindung beantwortet wird. Die kräftige Empfindung eines Bedürfnisses, erweckt durch eine Verminderung der Lebensenergie, ruft an sich noch kein Denken hervor; aber dieses Bedürfnis wird durch Berührung mit Milch befriedigt, die einen ganz bestimmten lokalen Eindruck verursacht, einen Eindruck, auf den ein Gefühl von Behagen folgt. Hat sich dies öfters wiederholt, dann beginnt das Selbst langsam und vorsichtig nach außen zu tasten, nach außen wegen der Richtung des von außen gekommenen Eindruckes. Die Lebensenergie strömt dadurch in den Mentalkörper und belebt ihn, so dass dieser den Gegenstand, der durch seine Berührung mit dem Körper die Empfindung verursacht hat, reflektiert, wenn auch zuerst nur schwach. Wenn diese Modifikation im Mentalkörper immer von neuem wiederholt wird, stimuliert sie das Selbst in seinem Aspekt der Erkenntnis, und es beginnt nun dementsprechend zu schwingen. Es hat das Bedürfnis, die Berührung und das Behagen empfunden; und gleichzeitig mit der Berührung hat sich ihm ein Bild geboten, auf das Auge wurde ebenso eingewirkt wie auf die Lippen – und zwei Sinneseindrücke fließen ineinander. Die dem Selbst innewohnende eigene Natur verbindet nun diese drei Dinge, das Bedürfnis, das Berührungsbild und das Behagen miteinander, und dieses Verbinden ist Denken. Ehe das Selbst nicht auf solche Weise reagiert, besteht kein Denken; es ist das Selbst, das diese Wahrnehmung macht, nicht irgendetwas anderes Niedrigeres.

Eine solche Wahrnehmung formt das Verlangen zu einem ganz bestimmten Impuls, es hört auf, ein vages Begehren nach irgendetwas zu sein, und wird ein bestimmtes Begehren nach etwas ganz Speziellem – nach Milch. Allein diese Wahrnehmung bedarf einer Revision, denn der Erkenner hat drei Dinge miteinander in Zusammenhang gebracht, und eines davon muss daraus wieder gelöst werden – das Bedürfnis.

Es ist bezeichnend, dass auf einer frühen Stufe der Anblick der Milchspenderin das Bedürfnis erregt, da der Erkenner das Bedürfnis hervorruft, sobald das damit verknüpfte Bild erscheint. Das Kind wird, auch wenn es nicht hungrig ist, doch nach der Brust schreien, sobald es die Mutter sieht. Später wird dann diese irrtümliche Verbindung gelöst, die Milchspenderin als Ursache mit dem Behagen verknüpft und als Gegenstand des Behagens angesehen. Auf diese Weise wird ein Verlangen nach der Mutter geschaffen, das dann zu weiterem Denken antreibt.

Die Beziehung zwischen Sinnesempfindung und Denken

In vielen Werken über Psychologie, sowohl östlichen als auch westlichen Ursprungs, wird klar ausgesprochen, dass alles Denken in Sinnesempfindungen wurzelt, dass es kein Denken geben kann, solange nicht eine große Zahl von Sinneseindrücken gesammelt wurde. H. P. Blavatsky sagt in der *Geheimlehre*: »Der Verstand, wie wir ihn kennen, lässt sich in Bewusstseinszustände von verschiedener Dauer, Intensität,

Zusammengesetztheit usw. auflösen, die letztlich alle auf Empfindungen beruhen.« Einzelne Autoren sind sogar noch weiter gegangen und haben erklärt, dass die Empfindungen nicht nur das Material bilden, aus denen die Gedanken aufgebaut werden, sondern dass sie die Gedanken hervorbringen; sie ignorieren einen Denker oder Erkenner. Im entgegengesetzten Extrem betrachten andere wiederum das Denken nur als Resultat einer Tätigkeit des Denkers, die von innen eingeleitet wird, ohne von außen ihren ersten Impuls zu erfahren, und sie betrachten die Empfindungen nur als ein Material, mit dem der Denker nach seiner innewohnenden spezifischen Eigenart verfährt, und nicht als eine notwendige Bedingung seiner Tätigkeit.

Beide Anschauungen, sowohl die, wonach das Denken das reine Erzeugnis von Sinnesempfindungen ist, als auch die, wonach es das reine Produkt des Erkenners ist, enthalten eine gewisse Wahrheit; die volle Wahrheit aber liegt in der Mitte. Wenn es auch zum Erwecken des Erkenners notwendig ist, dass Sinnesempfindungen von außen auf ihn einwirken, und während der erste Gedanke folglich aus Impulsen entspringt, die von Sinnesempfindungen ausgehen, und diese Empfindungen dem Gedanken daher notwendigerweise vorausgehen, so würde doch, auch wenn dem Selbst ständig Sinnesempfindungen zugeführt würden, niemals ein Gedanke entstehen, wenn nicht in ihm eine ihm innewohnende Fähigkeit vorhanden wäre, Dinge miteinander zu verbinden, und wenn das Selbst nicht seinem Wesen nach Erkenntnis wäre. Es ist nur die Hälfte der Wahrheit, wenn man sagt, das Denken wurzele in Empfindungen; auf die Empfindungen muss eine Kraft einwirken, die sie organisiert, die Verbindungsglieder, Beziehungen zwischen ihnen selbst und zwischen ihnen und der Außenwelt herstellt. Der Denker ist der Vater, die Sinnesempfindung die Mutter, der Gedanke das Kind. Wenn Gedanken ihre Anfänge in Empfindungen haben und diese Empfindungen durch Eindrücke von außen verursacht werden, dann ist es sehr wichtig, dass, sobald eine Empfindung entsteht, die Art und das Ausmaß dieser Empfindung genau beobachtet wird. Die erste Arbeit, die dem Erkenner obliegt, ist darum die, zu beobachten; wäre nichts zu beobachten, so würde er stets im Schlafzustand verharren. Sobald ihm aber ein Gegenstand dargeboten wird, sobald er als das Selbst eines Eindruckes bewusst wird, dann beobachtet er als Erkenner. Von der Genauigkeit dieser Beobachtung hängt der Gedanke ab, den er, aus vielen solchen Beobachtungen zusammengefasst, bilden soll. Beobachtet er ungenau, stellt er eine falsche Beziehung auf zwischen dem Gegenstand, der den Eindruck verursacht hat, und sich selbst, der den Eindruck beobachtet, dann wird aus diesem Irrtum bei seiner Arbeit eine ganze Anzahl von daraus folgenden Irrtümern entstehen, und nichts anderes als ein Zurückgehen zum allerersten Anfang kann diese richtig stellen.

Wir wollen nun sehen, wie Sinnesempfindung und Wahrnehmung in einem besonderen Fall wirken. Nehmen wir an, ich fühle eine Berührung meiner Hand. Die Berührung verursacht eine Empfindung. Das Erkennen des Dinges, das diese Empfindung verursacht hat, ist ein Gedanke. Wenn ich eine Berührung fühle, fühle ich, und soweit es diese reine Empfindung anbelangt, braucht nichts weiteres hinzugefügt zu werden; aber wenn ich nun von dem Gefühl zu dem Gegenstand übergehe, der dieses Gefühl verursacht hat, dann nehme ich diesen Gegenstand wahr, und diese Wahrnehmung ist ein Gedanke. Diese Wahrnehmung bedeutet, dass ich als Erkenner eine Beziehung erkenne, die zwischen mir und dem Gegenstand insofern besteht, als dieser in meinem Selbst eine bestimmte Empfindung hervorgerufen hat. Dies ist jedoch noch nicht alles, was geschieht; denn ich erfahre gleichzeitig auch noch andere Empfindungen – von Farbe, Form, Weichheit, Wärme und Struktur. Auch diese werden mir als Erkenner zugeleitet, und unterstützt durch die Erinnerung an ähnliche früher erhaltene Eindrücke. Indem ich diese vergangenen Bilder mit dem Bild des Gegenstandes vergleiche, der meine Hand jetzt berührt, entscheide ich nun über die Art des Gegenstandes, der meine Hand berührt hat.

In dieser Wahrnehmung von Dingen, die in uns ein Gefühl verursachen, wurzeln die Anfänge des Denkens. In der üblichen Sprache der Metaphysik ausgedrückt, meint dies, dass die Wahrnehmung eines Nicht-Selbstes als Ursache bestimmter Empfindungen im Selbst der Anfang des Erkennens ist. Fühlen allein, wenn so etwas möglich wäre, könnte nicht das Bewusstwerden eines Nicht-Selbstes hervorrufen. Es würden nur die Gefühle von Lust oder Schmerz im Selbst bestehen, ein inneres Bewusstsein von Ausdehnung oder Zusammenziehung. Eine höhere Entwicklung wäre nicht möglich, wenn ein Mensch nichts weiter vermöchte, als zu fühlen; erst wenn er Gegenstände als Ursachen von Lust oder Schmerz zu erkennen anfängt, beginnt seine menschliche Ausbildung. Von der Aufstellung einer bewussten Beziehung zwischen

Gedankenkraft

dem Selbst und dem Nicht-Selbst hängt die ganze zukünftige Entwicklung ab, und diese Entwicklung besteht in der Hauptsache darin, dass diese Beziehungen auf Seiten des Erkenners immer zahlreicher, komplizierter und genauer werden. Die äußere Entfaltung des Erkenners beginnt, sobald das erwachte Bewusstsein bei einem Gefühl von Lust oder Schmerz seinen Blick auf die Außenwelt richtet und sagt: »Dieser Gegenstand bereitete mir Lust, jener bereitete mir Schmerz.«

Das Selbst musste zuvor eine große Zahl von Empfindungen erfahren haben, ehe es nach außen überhaupt reagierte. Dann folgte ein unsicheres, wirres Tasten nach der Lust, zufolge eines Verlangens des wollenden Selbstes, eine Wiederholung der Lust zu erfahren, und dies ist ein gutes Beispiel für den vorhin erwähnten Umstand, dass es so etwas wie reines Fühlen oder reines Denken gar nicht gibt. »Verlangen nach einer Wiederholung der Lust« schließt in sich ein, dass das Bild der Lust, wenn auch noch so schwach, im Bewusstsein bleibt, und das ist Gedächtnis und gehört zum Denken. Das halberwachte Selbst treibt von nun an lange Zeit hindurch von einem Ding zum anderen und stößt dabei auf das Nicht-Selbst in einer vom Zufall gegebenen Form, ohne dass diesen Bewegungen vonseiten des Bewusstseins irgendeine Leitung zuteil wird; dabei erlebt es Lust und Schmerz, ohne in beiden Fällen die Ursache wahrzunehmen. Erst nachdem dies eine lange Zeit so weitergegangen ist, wird die oben erwähnte Wahrnehmung möglich, und die Beziehung zwischen dem Erkenner und dem Erkannten nimmt ihren Anfang.

5

Das Gedächtnis

Das Wesen des Gedächtnisses

Sobald zwischen einer Lust und einem bestimmten Gegenstand einmal eine Verbindung hergestellt ist, entsteht ein entschiedenes Verlangen, diesen Gegenstand immer wieder zu erlangen und so die damit verknüpfte Lust zu wiederholen. Ebenso entsteht, wenn zwischen einem Schmerz und einem bestimmten Gegenstand eine Verbindung hergestellt ist, ein entschiedenes Verlangen, diesen Gegenstand und den damit verknüpften Schmerz zu vermeiden. Wenn der Mentalkörper dazu einen Antrieb erhält, ruft er bereitwillig das Bild des betreffenden Gegenstandes wieder hervor; denn nach dem allgemeinen Gesetz, dass jede Energie die Richtung des geringsten Widerstandes einschlägt, nimmt die Materie des Mentalkörpers am leichtesten immer wieder die Form an, die sie schon öfters angenommen hat. Diese Neigung der Materie, einmal begonnene Schwingungen, sobald Energie auf sie einwirkt, immer zu wiederholen, entspringt aus *Tamas*, der Trägheit der Materie. Diese bildet auch den Keim des Gedächtnisses. Die Moleküle der Materie, die sich in einer gewissen Weise gruppiert haben, fallen, sobald andere Energieformen auf sie einwirken, langsam auseinander, behalten aber dennoch eine beträchtliche Zeit hindurch die Neigung bei, wieder in ihr altes gegenseitiges Verhältnis zurückzukehren. Sobald sie dann einen ähnlichen Impuls wie jenen, der sie früher gruppiert hatte, wieder erhalten, fallen sie wieder in diese Lage zurück. Wenn ferner der Erkenner einmal in einer gewissen Weise vibriert hat, so behält er das Vermögen, so zu schwingen, bei, und im Fall eines Lust oder Schmerz erzeugenden Gegenstandes setzt der Wunsch, diesen Gegenstand zu erlangen bzw. zu vermeiden, dieses Vermögen in Tätigkeit, drängt es sozusagen nach außen und erteilt auf diese Weise dem Mentalkörper den nötigen Anstoß.

Das dadurch erzeugte Bild wird dann vom Erkenner erkannt, und in dem einen Fall bewirkt das durch die Lust verursachte Band, dass er nun auch das Bild der Lust reproduziert. Ebenso erzeugt im anderen Fall die durch den Schmerz verursachte Abneigung das Bild des Schmerzes. Der Gegenstand und die Lust oder der Gegenstand und der Schmerz sind in der Erfahrung miteinander verknüpft, und wenn die Schwingungsreihe, aus der sich das Bild des Gegenstandes zusammensetzt, angeschlagen wird, wird auch jene Schwingungsreihe, die den Schmerz oder die Lust ausmacht, in Bewegung gesetzt, und das Lust- bzw. Schmerzgefühl wird in Abwesenheit des Gegenstandes wieder durchgekostet. Das ist Gedächtnis in seiner einfachsten Form: Eine selbst hervorgerufene Schwingung der gleichen Art wie jene, die das Lust- oder Schmerzgefühl erzeugte und die nun eben dieses Gefühl wieder erzeugt. Diese Bilder sind aber weniger stark und darum für den nur teilweise entwickelten Erkenner auch weniger lebendig als die durch Berührung mit einem äußeren Gegenstand erzeugten Bilder, da die heftigen physischen

Schwingungen den mentalen Bildern viel von ihrer Energie zuführen. Im Grund aber sind diese beiden Schwingungen identisch, und das Gedächtnis ist die vom Erkenner in mentaler Materie bewirkte Reproduktion von Gegenständen, mit denen er schon früher in Berührung gekommen ist. Diese Spiegelung kann sich – und sie tut dies auch – in immer feinerer und feinerer Materie wiederholen, ohne Beziehung auf irgendeinen gesonderten Erkenner, und diese Spiegelungen in ihrer Gesamtheit bilden einen Teil des Inhaltes des Gedächtnisses des Logos, des Herrn eines Weltalls. Diese Bilder von Bildern sind für jeden gesonderten Erkenner in dem Maß zugänglich, als er das oben erwähnte »Vermögen zu schwingen« in sich entwickelt hat. So wie bei der drahtlosen Telegraphie eine Schwingungsreihe, die eine Botschaft bildet, von jedem geeigneten Empfänger aufgefangen werden kann, also von jedem Empfänger, der sie zu reproduzieren vermag, so kann auch das latente Schwingungsvermögen eines Erkenners durch die in diesen kosmischen Bildern vorhandenen ähnlichen Schwingungen in Tätigkeit gesetzt werden. Diese bilden in der Akasha-Sphäre die in der theosophischen Literatur häufig erwähnte »Akasha-Chronik«, die einen ganzen Schöpfungszyklus hindurch andauert.

Schlechtes Gedächtnis

Um klar zu verstehen, was den Grund eines »schlechten Gedächtnisses« bildet, müssen wir die mentalen Vorgänge untersuchen, aus denen das besteht, was wir Gedächtnis nennen.

Obschon in vielen psychologischen Werken das Gedächtnis als eine mentale Fähigkeit bezeichnet wird, gibt es in Wirklichkeit keine Fähigkeit, der man diesen Namen geben kann. Das Weiterbestehen eines mentalen Bildes beruht nicht auf irgendeiner besonderen Fähigkeit, sondern auf der allgemeinen Beschaffenheit des Verstandes. Ein schwacher Verstand ist, wie in allem anderen, so auch im Festhalten schwach – wie eine Substanz, die zu dünnflüssig ist, um die Form des Gefäßes, in das sie gegossen wurde, zu behalten, rasch wieder aus dieser Form herausfällt. Wo der Mentalkörper noch wenig organisiert und eine bloß lose Ansammlung von Mentalstoffmolekülen ist, eine wolkenartige Masse ohne festen Zusammenhalt, da wird auch das Gedächtnis sicherlich sehr schwach sein. Aber es ist dies nicht eine besondere, sondern eine allgemeine Schwäche des ganzen Verstandes, eine Folge seiner niederen Entwicklungsstufe.

Doch finden wir, auch wenn der Mentalkörper schon besser organisiert ist und die Kräfte des *Jiva* an ihm wirken, oft trotzdem das, was man »ein schlechtes Gedächtnis« nennt. Untersuchen wir aber ein solches »schlechtes Gedächtnis« genauer, dann werden wir finden, dass es nicht in jeder Beziehung mangelhaft ist, sondern dass es einige Dinge gibt, an die man sich gut erinnert und die der Verstand ohne Anstrengung festhält. Ich kannte eine Frau, die über ihr schlechtes Gedächtnis für die Dinge klagte, die wir studierten, während ich in ihr ein sehr genaues Gedächtnis für die Einzelheiten eines von ihr bewunderten Kleides feststellen konnte. Ihrem Mentalkörper fehlte es durchaus nicht an der Fähigkeit, sich etwas zu merken, und wenn sie etwas sorgfältig und aufmerk-

Gedankenkraft

sam betrachtete und ein klares Mentalbild davon erzeugte, so hielt dieses ziemlich lange an. Wir haben hier den Schlüssel zu dem, was wir ein »schlechtes Gedächtnis« nennen. Schuld daran ist Mangel an Aufmerksamkeit, Mangel an genauer Beobachtung und das daraus entspringende verworrene Denken. Verworrenes Denken ist durch verschwommene Eindrücke bedingt, die aus unachtsamer Beobachtung und mangelhafter Aufmerksamkeit entstehen, während klares Denken auf scharfen Eindrücken beruht, die aus konzentrierter Aufmerksamkeit und sorgfältiger Beobachtung entstehen. Wir erinnern uns nicht an Dinge, denen wir wenig Beachtung schenken, aber wir erinnern uns sehr wohl an jene Dinge, für die wir großes Interesse haben.

Wie sollte also ein »schlechtes Gedächtnis« behandelt werden? Zuerst sollten wir uns die Dinge ansehen, für welche das Gedächtnis schlecht und für welche es gut ist, um uns so über die allgemeine Qualität seiner Merkfähigkeit zu orientieren. Dann sollten wir die Dinge, hinsichtlich deren das Gedächtnis schlecht ist, näher prüfen, um zu sehen, ob sie des Erinnerns wert sind und ob es Dinge sind, denen wir wenig Beachtung schenken. Sind es Dinge, denen wir keine Beachtung schenken, von denen wir aber in unseren besten Augenblicken das Gefühl haben, dass wir ihnen Beachtung schenken sollten, dann sollten wir zu uns sagen: »Ich will ihnen von nun an Aufmerksamkeit schenken, sie genau beobachten und sorgfältig und stetig über sie nachdenken.« Wenn wir dies tun, werden wir finden, dass unser Gedächtnis sich bessert; denn unser Gedächtnis hängt, wie oben gesagt wurde, wirklich von Aufmerksamkeit, genauer Beobachtung und klarem Denken ab. Das Element der Anziehung ist insofern von Wert, als es die Aufmerksamkeit fixiert. Wenn es aber nicht vorhanden ist, muss der Wille seinen Platz einnehmen.

Gerade hier aber entsteht eine sehr bestimmte, allgemein empfundene Schwierigkeit. Wie kann »der Wille« an die Stelle der Anziehung treten? Was kann den Willen selbst in Bewegung versetzen? Anziehung erweckt Verlangen, und das Verlangen treibt zur Bewegung auf den anziehenden Gegenstand hin. Im angenommenen Falle fehlt dieses aber. Wie ist nun das Fehlen des Verlangens durch den Willen zu ersetzen? Der Wille ist die Kraft, die zum Handeln treibt, wenn diese Kraft in ihrer Richtung durch eine Überlegung der Vernunft bestimmt wird und nicht durch den Einfluss äußerer Gegenstände, die als anziehend empfunden werden. Wenn der Impuls zum Handeln, das, was ich oft die nach außen tretende Energie des Selbstes genannt habe, von äußeren Gegenständen verursacht nach außen gezogen wird, dann nennen wir den Impuls Verlangen; wenn er von reiner Vernunft bestimmt hinausgesandt wird, nennen wir ihn Willen. Was also, wenn es an dem Gefühl einer Anziehung von außen mangelt, Not tut, ist Erleuchtung von innen. Das Motiv für den Willen muss dann aus einer intellektuellen Würdigung der Situation abgeleitet werden und aus einer Ausübung der Urteilskraft dahingehend, was das höchste Gut ist, das Ziel, auf das die Anstrengung gerichtet werden soll. Das, was die Vernunft dann als dasjenige auswählt, das dem Wohl des Selbstes am besten dient, wird zum Beweggrund für den Willen. Wenn dies einmal in bestimmter Weise getan worden ist, kann in Augenblicken der Lässigkeit und Schwäche das Ins-Gedächtnis-Rufen des Gedankenganges, der zu dieser Wahl führte, den Willen erneut anregen. Ein solcher mit Überlegung gewählter Gegenstand kann dann dadurch anziehend, also zu einem Gegenstand des Verlangens gemacht werden, dass man die Einbildungskraft verwendet, um sich seine angenehmen Eigenschaften, die wohltätigen, Glück spendenden Wirkungen seines Besitzes auszumalen. Da aber der, der einen Gegenstand will, auch die Mittel dazu will, werden wir durch einen derart motivierten Einsatz des Willens fähig werden, das natürliche Zurückschrecken vor Anstrengungen und unangenehmer Disziplin zu überwinden. Haben wir im vorliegenden Fall einmal festgestellt, dass bestimmte Dinge äußerst wünschenswert sind, weil sie zu lang andauerndem Glück führen, dann setzen wir auch unseren Willen ein, um die Tätigkeiten auszuführen, die zu ihrem Erlangen führen.

Bei der Ausbildung der Beobachtungsgabe ist, wie in allem anderen, ein wenig täglich wiederholte Übung viel wirksamer als eine große Anstrengung, gefolgt von einer Periode der Untätigkeit. Wir sollten uns täglich eine kleine Aufgabe stellen, irgendeinen Gegenstand sorgfältig zu beobachten, indem wir ihn uns in allen seinen Einzelheiten im Geist vorstellen, den Verstand kurze Zeit so auf ihn konzentrierend, wie man das physische Auge auf einen Gegenstand richten kann. Am folgenden Tag sollten wir dann das Bild wieder wachrufen und es so genau reproduzieren, wie wir es vermögen, es dann mit dem Gegenstand vergleichen und alle Ungenauigkeiten feststellen. Wenn wir täglich fünf Minuten auf eine derartige Übung verwendeten, würden wir sehr rasch »unser Gedächtnis verbessern« und unsere Kraft der Beobachtung, der Aufmerksamkeit, der Imagination und Konzentration wirklich stärken. Wir würden dadurch nämlich an der Organisation unseres Mentalkörpers arbeiten und diesen rascher, als dies die Natur ohne Beihilfe besorgt, dazu geeignet machen, seine Funktionen wirksam und nützlich auszuüben. Niemand, der solche Übungen aufnimmt, kann davon unbeeinflusst bleiben. Er wird bald mit Befriedigung wahrnehmen, dass seine Kräfte gewachsen und weit mehr unter die Herrschaft seines Willens gelangt sind.

Die künstlichen Methoden zur Verbesserung des Gedächtnisses bestehen darin, dem Verstand die zu erinnernden Dinge in einer attraktiven Form zu präsentieren oder sie mit einer solchen Form zu verbinden. Wenn jemand ein visueller Typ ist, kann er ein schlechtes Gedächtnis dadurch unterstützen, dass er sich ein Bild vorstellt und die Dinge, an die er sich zu erinnern wünscht, mit Stellen auf diesem Bild verknüpft. Mit dem Wachrufen des Bildes erscheinen dann auch die zu erinnernden Dinge. Andere Menschen, bei denen die auditiven Fähigkeiten vorherrschen, erinnern sich vermöge eines Tones oder eines Reimes, und sie verweben zum Beispiel Jahreszahlen oder andere unattraktive Fakten zu Versen, die dann im Gedächtnis haften bleiben. Aber weit besser als irgendeine dieser Methoden ist die oben im Einzelnen beschriebene vernunftgemäße Methode, durch deren Anwendung der Verstandeskörper eine bessere Organisation und das Material, aus dem er besteht, einen besseren Zusammenhalt erlangt.

Gedächtnis und Vorwegnahme

Wir wollen nun zu unserem unentwickelten Erkenner zurückkehren.

Sobald die Erinnerung zu funktionieren beginnt, folgt auch bald die Vorwegnahme, denn Vorwegnahme ist nichts anderes als in die Zukunft projizierte Erinnerung. Wenn das Gedächtnis es ermöglicht, eine in der Vergangenheit genossene Freude nochmals zu durchkosten, dann trachtet das Verlangen danach, den Gegenstand, der die Freude bereitet hat, wiederzuerlangen, und wenn man sich dieses erneute Durchkosten der Freude als Ergebnis dessen vorstellt, dass man diesen Gegenstand in der Außenwelt findet und genießt, dann haben wir das, was man als Vorwegnahme bezeichnet. Der Erkenner stellt sich das Bild des Gegenstandes und das Bild der Freude oder Lust in ihrer Beziehung zueinander vor, und wenn er dieser Betrachtung das Element der Zeit, der Vergangenheit oder der Zukunft, hinzufügt, dann werden einer solche Betrachtung zweierlei Namen gegeben: Betrachtung zuzüglich der Vorstellung der Vergangenheit nennen wir Erinnerung, Betrachtung zuzüglich der Vorstellung der Zukunft nennen wir Vorwegnahme.

Wenn wir diese Bilder genauer untersuchen, beginnen wir, die volle Bedeutung des Aphorismus des Patanjali zu verstehen, dass der Mensch für die Yoga-Praxis die»Modifikationen des Denkprinzips« zur Ruhe bringen muss. Vom Standpunkt der esoterischen Philosophie aus betrachtet, modifiziert jeder Kontakt mit dem Nicht-Selbst den Mentalkörper. Ein Teil des

Stoffes, aus dem der Mentalkörper besteht, wird zu einem Bild des äußeren Gegenstandes umgeordnet. Wenn Beziehungen zwischen diesen Bildern hergestellt werden, bedeutet dies Denken, vonseiten der Form aus gesehen. Übereinstimmend damit treten auch im Erkenner Schwingungen auf, und diese Modifikationen in ihm selbst sind Denken, von der Lebensseite aus gesehen. Man darf nicht vergessen, dass das Herstellen solcher Beziehungen die besondere Arbeit des Erkenners darstellt, es ist das, was er zu diesen Bildern hinzufügt, und eben diese Hinzufügung verwandelt die Bilder in Gedanken. Die Bilder im Mentalkörper ähneln ihrer Natur nach den Eindrücken, die auf einer empfindlichen Platte durch die Ätherwellen hervorgerufen werden, die jenseits des Lichtspektrums liegen und die auf die Silbersalze chemisch derart einwirken, dass die Materie auf der Platte in solcher Weise neu angeordnet wird, dass auf ihr die Bilder jener Gegenstände entstehen, denen sie ausgesetzt wurde. Ebenso wird auch die Materie auf der empfindlichen Platte, die wir Mentalkörper nennen, zu einem Bild der Gegenstände umgeordnet, die mit ihr in Berührung gekommen sind. Der Erkenner nimmt diese Bilder durch seine eigenen darauf reagierenden Schwingungen wahr, prüft sie und beginnt, sie durch die Schwingungen, die er ihnen entgegensendet, zu ordnen und zu modifizieren. Nach dem bereits erwähnten Gesetz, wonach eine Energie stets die Richtung des geringsten Widerstandes einschlägt, formt er dann die gleichen Bilder immer wieder um und schafft so Bilder von Bildern. Solange er sich nur auf diese Reproduktion beschränkt und nur das Element der Zeit hinzufügt, haben wir also entweder Erinnerung oder Vorwegnahme.

Gedankenkraft

Das konkrete Denken besteht demnach nur aus einer Wiederholung der alltäglichen Erfahrungen in subtilerer Materie, mit dem Unterschied, dass der Erkenner diese Erfahrungen nach Belieben aufhalten, in ihrer Reihenfolge ändern, sie wiederholen, beschleunigen oder verlangsamen kann. Er kann bei irgendeinem Bild verweilen, darüber nachsinnen und durch eine solche mit Muße vorgenommene Rekapitulation dieser Erfahrungen noch vieles hinzugewinnen, was ihm, als er sie an das rastlos vorwärtstreibende Rad der Zeit geflochten durchmachte, entgangen war. Innerhalb seines eigenen Bereiches kann er sich, soweit es sich um ihre Maße handelt, seine eigene Zeit schaffen. Nur dem Wesen der Zeit, der Aufeinanderfolge, kann er nicht entfliehen.

6

Das Wachstum des Denkens

Das Beobachten und sein Wert

Das erste Erfordernis für richtiges Denken ist aufmerksames und genaues Beobachten. Das Selbst, als Erkenner, muss das Nicht-Selbst mit Aufmerksamkeit und Genauigkeit beobachten, wenn letzteres zum Erkannten werden und mit dem Selbst verschmelzen soll.

Das zweite Erfordernis ist Empfänglichkeit sowie Fähigkeit zu zähem Festhalten im Mentalkörper, das Vermögen, Eindrücken rasch nachzugeben und die empfangenen Eindrücke festzuhalten.

Im Verhältnis zur Aufmerksamkeit des Erkenners und zur Genauigkeit seines Beobachtens sowie zur Empfänglichkeit seines Mentalkörpers und dessen Fähigkeit zum Festhalten wird auch die Schnelligkeit seiner Entwicklung und die Geschwindigkeit stehen, mit der seine latenten Möglichkeiten zu aktiven Kräften werden.

Wenn der Erkenner das Gedankenbild nicht genau beobachtet hat oder der Mentalkörper, da er noch unentwickelt ist, nur für die stärkeren Schwingungen eines äußeren Gegenstandes empfänglich, für alle anderen aber unempfindlich war und dadurch nur zu einer unvollkommenen Reproduktion desselben modifiziert wurde, dann ist das Material für das Denken ungeeignet und irreführend. Alles, was zunächst erlangt werden kann, ist ein grober Umriss; die Einzelheiten sind verwischt oder fehlen ganz. Wenn wir aber unsere Fähigkeiten entfalten und feineren Stoff in unseren Mentalkörper einbauen, finden wir, dass wir von dem gleichen äußeren Gegenstand viel mehr aufnehmen als in den Tagen unseres Unentwickeltseins. Wir finden dann an diesem Gegenstand viel mehr als zuvor.

Nehmen wir an, auf einem Feld stehen während eines wunderbaren Sonnenunterganges zwei Männer. Der eine von ihnen sei ein unentwickelter Landarbeiter, der nicht gewohnt ist, die Natur zu betrachten, es sei denn im Zusammenhang mit seiner Ernte, der nur nach dem Himmel zu sehen pflegt, um zu sehen, ob er Regen oder Sonnenschein verspricht, und den der Anblick des Himmels nur so weit interessiert, als es seinen Lebensunterhalt und seine Arbeit betrifft. Nehmen wir weiter an, der zweite sei ein Künstler, ein genialer Maler, voll Schönheitssinn und geschult, jede Schattierung und Tönung einer Farbe zu sehen und sich ihrer zu erfreuen. Sowohl der physische als auch der astrale und mentale Körper des Arbeiters stehen diesem prachtvollen Sonnenuntergang gegenüber, und sämtliche durch ihn erzeugten Schwingungen wirken auf seine Bewusstseinsträger ein. Er wird verschiedene Farben am Himmel sehen und bemerken, dass viel Rot darunter ist, was für morgen einen schönen Tag verspricht, sei dies nun, wie der Fall liegen mag, gut oder schlecht für seine Ernte. Das ist alles, was er daraus entnimmt. Der physische, astrale und mentale Körper des Malers ist genau den gleichen Schwingungen ausgesetzt wie die Körper des Arbeiters, aber wie verschieden ist die Wirkung! Das feine Material seiner Körper reproduziert eine Unmenge von Schwingungen, die zu rasch und zu fein sind, um das grobe Material des anderen in Bewegung zu versetzen. Sein Bild des Sonnenuntergangs ist daher von dem des Landarbeiters gänzlich verschieden. Die zarten Farbtöne, in denen eine Nuance mit der anderen verschmilzt, transparentes Blau und Rosa und blasses Grün, von goldenen Strahlen erleuchtet und von königlichem Purpurrot durchzogen – das alles genießt er mit lange dabei verweilender Freude, in einer Ekstase von sinnenhaftem Genuss. Alle feineren Regungen erwachen, Liebe und Bewunderung fließen über in Ehrfurcht und Freude darüber, dass es solche Schönheit gibt. Vorstellungen inspirierendster Art bilden sich, da sich der Mentalkörper unter den Schwingungen modifiziert, die auf der Mentalebene von dem mentalen Aspekt des Sonnenuntergangs auf ihn einwirken. Der Unterschied dieser beiden Bilder beruht nicht auf einer äußeren Ursache, sondern auf einer verschiedenen inneren Empfänglichkeit. Er liegt nicht im Nicht-Selbst, sondern im Selbst und seinen Hüllen. Diesen Verschiedenheiten entsprechend ist das Resultat, das sich ergibt; wie wenig strömt in den einen ein, und wie viel in den anderen!

Hier sehen wir mit überraschender Deutlichkeit die Bedeutung der Entwicklung des Erkenners. Ein Weltall voller Schönheit mag uns umgeben, seine Wellen mögen von allen Seiten auf uns einwirken, und es mag dennoch für uns nicht existieren. Alles, was im Denken des Logos unseres Sonnensystems vorhanden ist, wirkt auf uns und unsere Körper ein.

Wie viel wir davon aufnehmen können, kennzeichnet die Stufe unserer Entwicklung. Was wir zu unserem Wachstum benötigen, ist nicht eine Veränderung außerhalb von uns, sondern in uns. Es wird uns bereits jetzt alles gegeben, aber wir müssen die Fähigkeit entwickeln, es zu empfangen.

Aus dem bisher Gesagten wird entnommen worden sein, dass eines der Elemente klaren Denkens genaue Beobachtung ist. Wir müssen mit dieser Arbeit auf der physischen Ebene beginnen, auf der unser Körper mit dem Nicht-Selbst in Berührung kommt. Wir klimmen aufwärts, und alle Entwicklung beginnt auf der niederen Ebene und geht erst dann in die höhere über; zuerst kommen wir mit der Außenwelt auf der niederen Ebene in Berührung, und von hier gehen die Schwingungen weiter nach oben – oder innen – und rufen die inneren Kräfte wach.

Genaue Beobachtung ist also eine Fähigkeit, die mit Entschiedenheit gepflegt werden muss. Die meisten Menschen gehen mit halb verschlossenen Augen durch die Welt, und ein jeder von uns kann dies bei sich selbst feststellen, wenn er sich fragt, was er bemerkt hat, während er eine Straße entlangging. Viele Menschen werden so gut wie gar nichts beachtet und überhaupt keine klaren Bilder geformt haben. Manche andere werden einige wenige Dinge, manche viele Dinge beobachtet haben. Normale Kinder und die Angehörigen von Naturvölkern beobachten in der Regel scharf, und ihre Fähigkeit zu beobachten entspricht dem Maß ihrer Intelligenz. Beim Durchschnittsmenschen ist die Gewohnheit klaren, raschen Beobachtens die Grundlage klaren Denkens. Wer verwirrt und verschwommen denkt, ist im Allgemeinen auch ein sehr ungenauer Beobachter.

Ausgenommen sind jene Fälle, wo die Intelligenz hoch entwickelt und nach innen gerichtet ist, die Körper aber nicht in der oben beschriebenen Weise geschult wurden.

Die Antwort auf die oben gestellte Frage kann aber auch sein: »Ich dachte gerade an etwas und gab deshalb nicht Acht.« Diese Antwort ist auch gerechtfertigt, wenn der, der sie gibt, an etwas Wichtigeres gedacht hat als an die Schulung des Mentalkörpers und die Kraft der Aufmerksamkeit durch sorgfältiges Beobachten. Ein solcher mag gut daran getan haben, nicht zu beobachten. Aber wenn der so Antwortende nur träumend und ziellos umhergeschlendert ist, dann hat er seine Zeit weit mehr vergeudet, als wenn er seine Kraft nach außen gerichtet hätte.

Ein in tiefes Nachdenken versunkener Mensch, dessen Blick nach innen und nicht nach außen gerichtet ist, wird weder auf vorüberkommende Dinge achten noch auf das, was um ihn herum vorgeht. Es mag für ihn in diesem Leben nicht der Mühe wert sein, seine Körper darin zu schulen, gewissermaßen unabhängige Beobachtungen zu machen, denn der Hochentwickelte bedarf einer anderen Schulung als der nur teilweise Entwickelte.

Aber wie viele unter den unachtsamen Menschen sind wirklich »in tiefes Nachdenken versunken«? Bei den meisten Menschen ist das, was in ihrem Verstand vor sich geht, nur ein müßiges Blicken auf beliebige Gedankenbilder, die sich gerade darbieten, und ein planloses Durchstöbern seines Inhaltes, etwa wie eine gelangweilte Frau in dem Inhalt ihrer Garderobe oder ihres Schmuckkästchens stöbert. Das ist aber kein Denken, denn Denken bedeutet, wie wir gesehen haben, ein Herstellen von Beziehungen, das Hinzufügen von etwas, was vorher noch nicht da war. Beim wirklichen Denken wird die Aufmerksamkeit des Erkenners mit Überlegung auf die Gedankenbilder gerichtet, und er wirkt aktiv auf sie ein.

Die Entwicklung der Gewohnheit genauer Beobachtung bildet demnach einen Teil der Schulung des Verstandes, und jene, die sich darin üben, werden die Erfahrung machen, dass ihr Verstand dadurch an Klarheit und Schärfe gewinnt und leichter gelenkt werden kann, so dass sie ihn viel besser auf einen bestimmten Gegenstand richten können, als dies vorher der Fall war. Diese Beobachtungskraft tritt, wenn sie einmal endgültig erworben wurde, automatisch in Tätigkeit. Der Mentalkörper und die anderen Körper registrieren dann Bilder, die später, wenn sie gebraucht werden, zur Verfügung stehen, ohne dass die Aufmerksamkeit des Besitzers im Zeitpunkt der Beobachtung erforderlich ist. Es ist dann nicht mehr nötig, dass die Aufmerksamkeit des Betreffenden auf die sich seinen Sinnesorganen darbietenden Dinge gerichtet wird, um von diesen einen dauernden Eindruck zu erhalten. Einen sehr unbedeutenden, aber charakteristischen Fall dieser Art habe ich selbst erlebt. Während einer Reise in Nordamerika wurde einmal unter uns die Frage aufgeworfen, welche Nummer die Lokomotive des Zuges habe, mit dem wir gerade fuhren. Sofort stellte sich in meinem Bewusstsein die betreffende Nummer ein. Es war dies jedoch kein Fall von Hellsehen; denn um eine hellsichtige Wahrnehmung zu machen, wäre es notwendig gewesen, den Zug nach vorne zu durchjagen und nach der Nummer zu sehen. Hier aber hatten ohne irgendeine bewusste Tätigkeit meinerseits meine Sinnesorgane und mein Verstand, als der Zug in den Bahnhof einfuhr, die Nummer beobachtet und registriert, und als später nach der Nummer gefragt wurde, stieg in mir sofort das mentale Bild des einfahrenden Zuges mit der Nummer auf der Stirnseite der Lokomotive wieder auf. Diese Fähigkeit ist, wenn einmal erworben, sehr nützlich; denn sie bedeutet, dass wir Dinge, die um uns her vorgegangen sind, ohne unsere Aufmerksamkeit auf sich zu ziehen, trotzdem aus unserer Erinnerung wieder hervorrufen können, indem wir auf die Aufzeichnungen blicken, die der mentale, astrale und physische Körper selbsttätig von ihnen aufgenommen hat.

Diese automatische Tätigkeit des Mentalkörpers, gesondert von der bewussten Tätigkeit des *Jiva*, geht bei uns allen in viel ausgedehnterem Maße vor sich, als man vermuten würde. Es hat sich herausgestellt, dass, wenn man einen Menschen hypnotisiert, dieser von einer Vielzahl kleinerer Vorfälle berichten kann, die ihm begegnet sind, ohne seine Aufmerksamkeit auf sich zu ziehen. Diese Eindrücke gehen dem Mentalkörper durch das Gehirn zu und prägen sich diesem ebenso ein wie jenem. Auf diese Weise erhält der Mentalkörper viele Eindrücke, die nicht tief genug sind, um in das Bewusstsein einzudringen, nicht etwa darum, weil das Bewusstsein nicht imstande wäre, sie zu erkennen, sondern weil es normalerweise nicht wach genug ist, um außer tieferen Eindrücken auch noch andere zu bemerken. Im hypnotischen Trancezustand, im Delirium, im natürlichen Traum, wenn der *Jiva* sich entfernt hat, gibt das Gehirn diese Eindrücke frei, die gewöhnlich durch die viel stärkeren Eindrücke, die der *Jiva* selbst macht und empfängt, zurückgedrängt werden. Ist aber der Verstand geschult, in der beschriebenen Weise zu beobachten und aufzuzeichnen, dann kann der *Jiva*, wann immer er will, ihm diese Eindrücke entnehmen.

Wenn also zwei Menschen die gleiche Straße entlanggehen, der eine in der Beobachtung geübt und der andere nicht, dann werden zwar beide eine Anzahl von Eindrücken empfangen, deren sie sich, während sie sie empfangen, nicht bewusst werden, später aber wird der geschulte Beobachter imstande sein, diese Eindrücke wieder hervorzurufen, der andere aber nicht. Da diese Fähigkeit eine der Wurzeln klaren Denkens bildet, werden jene, die ihre Gedankenkraft ausbilden und beherrschen möchten, gut daran tun, sich genaues Beobachten anzugewöhnen und auf das Vergnügen zu verzichten, müßig dahinzustreifen, wohin immer der Strom der Phantasie sie treiben mag.

Die Entwicklung der mentalen Fähigkeiten

Mit der allmählichen Ansammlung von mehr und mehr Bildern wird die Tätigkeit des Erkenners immer komplizierter, und seine Arbeit an ihnen ruft nacheinander verschiedene Kräfte wach, die seiner göttlichen Natur innewohnen. Er nimmt nun die Außenwelt nicht mehr nur in ihrer einfachen Beziehung zu sich selbst auf, als Dinge, die ihm selbst Lust oder Unlust bereiten, sondern er stellt die sie darstellenden Bilder nebeneinander, studiert sie in ihren verschiedenen Aspekten und beobachtet sie immer wieder. Er fängt auch an, seine eigenen Beobachtungen zu ordnen. Er beobachtet, wenn ein Bild ein anderes hervorbringt, die Reihenfolge, in der sie aufeinander folgen. Ist auf ein erstes Bild häufig ein zweites gefolgt, so wartet er jetzt, wenn das erste erscheint, auf das zweite und bringt so die beiden miteinander in Verbindung. Das ist sein erster Versuch, logische Schlüsse zu ziehen, und darin liegt wieder das Wachrufen einer innewohnenden Fähigkeit. Er folgert, weil A und B stets nacheinander erschienen sind, dass deshalb B erscheinen wird, sobald A erschienen ist. Wenn sich diese Voraussicht immer und immer wieder bestätigt hat, gelangt er dazu, die beiden Erscheinungen als »Ursache« und »Wirkung« miteinander zu verbinden, und viele von den Irrtümern, in die er in der ersten Zeit verfällt, entstehen aus der zu hastigen Annahme einer solchen Beziehung. Wenn er die gewonnenen Bilder nebeneinander stellt, so nimmt er außerdem wahr, dass sie einander entweder ähnlich oder unähnlich sind, und er entwickelt die Fähigkeit des Vergleichens. Er entwickelt einen Sinn für Verhältnismäßigkeit im Hinblick auf Ähnlichkeit und Unähnlichkeit; er stellt Dinge auf Grund einer hervorstechenden Ähnlichkeit zusammen und trennt sie auf Grund hervorstechender Unähnlichkeiten von anderen. Auch hier macht er viele Fehler, die dann durch spätere Beobachtung korrigiert werden müssen, da er sich zuerst durch bloß oberflächliche Ähnlichkeiten irreführen lässt.

So werden nacheinander Beobachtungs- und Unterscheidungskraft, Logik, Vergleichs- und Urteilsfähigkeit entwickelt, und diese Fähigkeiten wachsen durch Übung. Der Aspekt des Selbstes als Erkenner entfaltet sich so durch die Tätigkeit des Denkens und durch die ständig wiederholte Wirkung und Gegenwirkung zwischen Selbst und Nicht-Selbst.

Um die Entwicklung dieser Fähigkeit zu beschleunigen,

müssen wir sie vorbedacht und bewusst üben, indem wir die Umstände des täglichen Lebens als Gelegenheit benützen, sie zu entwickeln. So wie wir sahen, dass sich Beobachtungsgabe im täglichen Leben üben lässt, können wir uns auch daran gewöhnen, an den Dingen um uns her jene Punkte zu beachten, in denen sie einander ähnlich sind oder nicht. Wir können Schlussfolgerungen ziehen und diese an Geschehnissen prüfen, Vergleiche anstellen und Urteile fällen, und all dies bewusst und mit bestimmter Absicht. Bei einer solchen überlegten Übungsweise wächst die Gedankenkraft sehr rasch und wird zu einer Fähigkeit, über die wir bewusst verfügen können und die wir als sicheren Besitz empfinden.

Die Schulung des Verstandes

Den Verstand nach irgendeiner bestimmten Richtung hin zu schulen, bedeutet, ihn bis zu einem gewissen Grad ganz zu schulen; denn jede bestimmte Art von Schulung bringt Organisation in den Mentalstoff, aus dem der Mentalkörper besteht, und ruft einige der Kräfte des Erkenners wach. Die gewachsene Fähigkeit kann dann auf jedes Problem Anwendung finden und zu allen Zwecken dienen. Ein geschulter Verstand kann an jedem neuen Gegenstand erprobt werden, er wird es mit ihm aufnehmen und ihn in einer Weise meistern, die dem ungeschulten Verstand unmöglich ist, und das ist der Nutzen seiner Ausbildung.

Man sollte sich aber stets vergegenwärtigen, dass die Schulung des Verstandes nicht darin besteht, dass man ihn mit

Tatsachen vollstopft, sondern darin, dass man seine Kräfte wachruft. Der Verstand wird nicht dadurch zum Wachsen gebracht, dass man ihn mit den Gedanken anderer Leute anfüllt, sondern nur dadurch, dass man seine eigenen Fähigkeiten ausbildet. Von den großen Lehrern, die den Gipfel der menschlichen Entwicklung erreicht haben, heißt es, sie hätten von allem Kenntnis, was innerhalb unseres Sonnensystems existiert. Das bedeutet nicht, dass jede Tatsache, die innerhalb desselben besteht, ständig ihrem Bewusstsein gegenwärtig ist, sondern dass sie in sich selbst den Aspekt der Erkenntnis derart entwickelt haben, dass sie, sobald sie ihre Aufmerksamkeit in irgendeine Richtung lenken, von den Dingen, auf die sie sie richten, genaueste Kenntnis erlangen. Das ist etwas viel Größeres, als das bloße Aufspeichern einer Menge von Tatsachen im Verstand, so wie es etwas Größeres ist, jeden Gegenstand, auf den das Auge fällt, zu sehen, als blind zu sein und die Welt nur auf Grund der Beschreibung zu kennen, die andere von ihr geben. Die Entwicklung des Verstandes bemisst sich daher nicht nach der Anzahl der Bilder, die er enthält, sondern nach dem Entwicklungsgrad der Erkenntnis, nach der Kraft, alles, was sich ihm darbietet, in sich reproduzieren zu können. Dieses Vermögen ist, wenn wir es einmal erworben haben, unser Besitz, und wir können es überall anwenden, wo immer wir uns befinden mögen.

Verbindung mit höherstehenden Personen

Diese Arbeit der Schulung des Verstandes kann dadurch sehr gefördert werden, dass man mit Menschen in Berührung kommt, die bereits höher entwickelt sind als man selbst. Ein Mensch, der ein schärferer Denker ist als wir, kann uns materiell helfen, denn er sendet Schwingungen höherer Ordnung aus, als wir selbst sie hervorzurufen vermögen. Ein Stück Eisen, das auf dem Boden liegt, kann von sich aus keine Wärmeschwingungen hervorbringen; liegt es aber in der Nähe eines Feuers, dann kann es auf dessen Wärmeschwingungen reagieren und dadurch heiß werden. Wenn wir in die Nähe eines großen Denkers kommen, dann umspielen dessen Schwingungen unseren Mentalkörper und rufen in ihm korrespondierende Schwingungen hervor, so dass wir mit dem Betreffenden harmonisch zusammenschwingen. Wir fühlen dann vorübergehend, dass unsere mentale Kraft verstärkt ist und wir Begriffe zu erfassen vermögen, deren Verständnis sich uns für gewöhnlich entzieht. Sind wir dann wieder allein, so finden wir, dass dieselben Begriffe wieder verblasst und verwischt sind.

Man hört einem Vortrag zu und folgt ihm mit Verständnis; solange man zuhört, versteht man auch recht wohl die Lehre, die der Vortragende vertritt. Man geht befriedigt wieder fort, in dem Gefühl, dass man seine Erkenntnis wesentlich gefördert hat. Am anderen Tag möchte man die gewonnene Erkenntnis gerne einem Freund mitteilen und entdeckt nun zu seiner Beschämung, dass man außerstande ist, die Gedanken-

gänge zu reproduzieren, die einem gestern so klar und ein-
leuchtend vorkamen. Wir rufen dann wohl ungeduldig aus:
»Ich bin sicher, ich weiß es; es ist da, wenn ich es nur greifen
könnte!« Dieses Gefühl entsteht aus der Erinnerung an die
Schwingungen, die sowohl der Mentalkörper als auch der *Jiva*
erlebt haben. Es ist dort noch das Bewusstsein von Begriffen,
die uns klar geworden sind, die Erinnerung an die Formen, in
die sie gekleidet waren, und das Gefühl, dass man doch leicht
imstande sein müsste, sie erneut zu erzeugen. Am Tage vorher
waren es aber die meisterlichen Schwingungen des schärferen
Denkers, welche die Formen gestalteten, die der Mentalkörper annahm; sie waren von außen, nicht von innen gebildet.
Die bei dem nun vorgenommenen Versuch sich zeigende Un-
fähigkeit, diese Schwingungen zu reproduzieren, bedeutet
nur, dass die Bildung dieser Formen mehrmals für uns vorgenommen werden muss, ehe wir stark genug sind, sie durch
selbsttätig eingeleitete Schwingungen zu reproduzieren. Der
Erkenner muss mehrmals in solch höherer Art vibriert haben,
ehe er diese Schwingungen willentlich reproduzieren kann.
Auf Grund der ihm innewohnenden Natur kann er in sich
die Kraft entwickeln, sie zu reproduzieren, aber erst, nachdem
er durch von außen kommende Antriebe mehrmals dazu gebracht wurde, so zu reagieren. Beide hier betrachteten Erkenner besitzen dieselbe Kraft; nur hat sie der eine entwickelt,
während sie beim anderen latent ist. Durch die Berührung
mit einer ähnlichen, aber bereits aktiv gewordenen Kraft wird
sie aus diesem Latenzzustand wachgerufen, und so beschleu-
nigt der Stärkere die Entwicklung des Schwächeren.

Hierin liegt einer der Gründe für den Wert einer Verbindung mit Menschen, die fortgeschrittener sind als wir selbst. Wir gewinnen durch den Kontakt mit ihnen und wachsen unter ihrem anregenden Einfluss. Ein wahrer Lehrer nützt so seinen Schülern weit mehr dadurch, dass er sie in seiner Nähe hält, als durch irgendwelche gesprochenen Worte.

Für diesen Einfluss bietet direkter persönlicher Kontakt den wirksamsten Kanal. Wenn ein solcher fehlt, aber auch in Verbindung damit, kann auch aus Büchern viel erlangt werden, wenn die Bücher klug ausgewählt werden. Wenn wir das Buch eines wirklich großen Autors lesen, sollten wir versuchen, uns während dieser Zeit in einen passiven, empfänglichen Zustand zu versetzen, um so viele von seinen Gedankenschwingungen aufzunehmen wie möglich. Wenn wir die Worte gelesen haben, sollten wir bei ihnen verweilen, über sie nachdenken, den Gedanken nachfühlen, den sie ausdrücken, und aus ihnen alle verborgenen Bedeutungen herausziehen. Unsere Aufmerksamkeit muss konzentriert sein, um durch den Schleier der Worte bis zu dem Geist des Verfassers hindurchdringen zu können. Eine solche Art zu lesen dient der Bildung und hilft unserer mentalen Entwicklung voran. Weniger angestrengtes Lesen mag ein angenehmer Zeitvertreib sein, unserem Verstand wertvolle Tatsachen zur Kenntnis bringen und dadurch unsere Nützlichkeit fördern. Aber die vorher beschriebene Art des Lesens wirkt als ein Antrieb für unsere Entwicklung und sollte von dem, der wachsen möchte, um zu dienen, nicht vernachlässigt werden.

7

Konzentration

Wenige Dinge strengen die Kräfte des Studierenden, der seinen Verstand zu trainieren beginnt, mehr an als die Konzentration. In den frühen Stadien der Verstandestätigkeit hängt der Fortschritt von dessen Raschheit und Wachsamkeit, von der Bereitschaft, Eindrücke von einer Sinneswahrnehmung nach der anderen aufzunehmen, und von seiner Fähigkeit ab, seine Aufmerksamkeit umgehend von einer Wahrnehmung der nächsten zuzuwenden. Beweglichkeit ist auf dieser Stufe die wertvollste Eigenschaft, und das ständige Nach-außen-gerichtet-sein der Aufmerksamkeit ist für den Fortschritt wesentlich. Solange der Verstand Material zum Denken sammelt, ist äußerste Beweglichkeit ein Vorteil, und durch viele, viele Leben wächst der Verstand durch diese Beweglichkeit und steigert sie durch Übung. Die Gewohnheit, in alle Richtungen nach außen zu schweifen, der Zwang, die Aufmerksamkeit fest auf einen Punkt zu richten – diese Veränderung ruft naturgemäß einen Widerstand, einen Schock hervor, der Verstand bäumt sich wild dagegen auf wie ein nicht zugerittenes Pferd.

Wir haben gesehen, dass der Mentalkörper in die Bilder der Gegenstände umgeformt wird, auf welche die Aufmerksamkeit gerichtet ist. Patanjali spricht davon, dass man den Modifikationen des Denkprinzips Einhalt gebieten, also mit diesen ständig wechselnden Reproduktionen der Außenwelt aufhören muss. Den Mentalkörper immer neu einzustellen und ihn nach einem stetigen Bild geformt zu halten, bedeutet Konzentration, soweit sie die Form betrifft; die Aufmerksamkeit stetig auf diese Form gerichtet zu halten, um sie vollkommen im eigenen Inneren zu reproduzieren, bedeutet Konzentration, soweit sie den Erkenner betrifft.

In der Konzentration wird das Bewusstsein auf ein einziges Bild gerichtet gehalten; die ganze Aufmerksamkeit des Erkenners wird ohne Schwanken oder Abschweifen fest auf einen einzigen Punkt gerichtet. Dadurch wird der Verstand – der sonst, von äußeren Dingen angezogen und sich in rascher Aufeinanderfolge nach ihnen formend, ständig von einem Ding zum anderen schweift – angehalten und durch den Willen gezwungen, in einer bestimmten Form, nach einem Bild gestaltet, zu verbleiben und alle anderen Einflüsse, die auf ihn einwirken, nicht zu beachten.

Wenn der Verstand solchermaßen nach einem Bild geformt gehalten wird und der Erkenner dieses unverwandt betrachtet, erlangt er eine viel umfassendere Kenntnis von dem Gegenstand, als er sie durch irgendeine Beschreibung desselben in Worten erlangen könnte. Unsere Vorstellung von einem Gemälde oder einer Landschaft ist viel vollständiger, wenn wir diese selbst gesehen, als wenn wir nur von ihnen gelesen oder eine Beschreibung davon gehört haben. Wenn wir uns aber auf eine solche Beschreibung konzentrieren, dann wird das Bild davon in unserem Mentalkörper geformt, und wir gewinnen mehr Einsicht darüber, als wenn wir bloß die Worte lesen. Worte sind Symbole von Dingen, und wenn man sich auf den groben Umriss eines Dinges konzentriert, wie ihn ein dieses Ding beschreibendes Wort hervorbringt, dann füllt sich dieser Umriss mehr und mehr mit Einzelheiten, je näher das Bewusstsein mit dem beschriebenen Ding in Berührung gelangt.

Es muss aber bedacht werden, dass Konzentration nicht ein Zustand von Passivität ist, sondern im Gegenteil ein solcher von intensiver, geordneter Aktivität. Er gleicht in der mentalen Welt dem Zusammenziehen der Muskeln, um in der physischen Welt einen Sprung zu machen, oder dem Versteifen derselben, um einer längeren Anspannung zu begegnen. Tatsächlich zeigt sich diese mentale Anspannung bei Anfängern stets auch in einer ihr entsprechenden physischen Anspannung, daher tritt nach der Konzentrationsübung eine physische Ermüdung ein – eine Ermüdung der Muskeln und nicht bloß des Nervensystems. Ebenso wie ein unverwandtes Betrachten eines Gegenstandes durch das Auge uns in die Lage versetzt, seine Einzelheiten wahrzunehmen, die bei einem flüchtigen Blick unbemerkt bleiben, so ermöglicht es uns die Konzentration, die Einzelheiten eines Gedankens oder einer Vorstellung wahrzunehmen. Je mehr wir die Konzentration verstärken, desto mehr nehmen wir innerhalb einer bestimmten Zeit auf, so wie ein Läufer in einer Minute an mehr Objekten vorbeikommt als ein Spaziergänger. Der Spaziergänger wird, um an zwanzig Objekten vorbeizukommen, dieselbe Menge an Muskelkraft ausgeben wie der Läufer, aber je rascher die Ausgabe der Kraft erfolgt, desto kürzer ist die erforderliche Zeit.

Am Anfang müssen zwei Schwierigkeiten überwunden werden. Erstens darf der Erkenner die Eindrücke nicht beachten, die ständig auf den Verstand einstürmen. Der Mentalkörper muss davon abgehalten werden, auf diese Kontakte zu reagieren; seiner Neigung, auf solche äußere Eindrücke einzugehen, muss widerstanden werden. Das erfordert aber, die Aufmerksamkeit teilweise auf den Widerstand selbst zu richten, und sobald die Neigung zu reagieren überwunden ist, muss auch dieser Widerstand wieder schwinden. Vollkommene Ausgewogenheit muss herrschen, weder Widerstand noch Widerstandslosigkeit, sondern eine stetige Ruhe, die so unerschütterlich ist, dass Wellen von außen keinerlei Wirkung erzielen, nicht einmal die sekundäre Wirkung, dass man sich dessen bewusst wird, es gäbe da etwas, dem Widerstand geleistet werden müsste.

Zweitens darf der Verstand während der Dauer der Konzentration nur das Bild des Gegenstandes, auf den er sich konzentriert, festhalten. Er muss sich nicht nur weigern, sich in Antwort auf von außen kommende Antriebe zu verändern, sondern er muss auch mit seiner eigenen inneren Aktivität aufhören, in der er seinen Inhalt ständig neu ordnet, über ihn nachdenkt, neue Beziehungen, verborgene Ähnlichkeiten und Unähnlichkeiten in ihm entdeckend. Er hat jetzt seine Aufmerksamkeit auf einen einzigen Gegenstand zu beschränken, sich auf diesen zu fixieren. Er hört natürlich nicht auf, tätig zu sein, er lenkt die Aktivität nur in eine einzige Richtung. Wasser, das über eine im Verhältnis zur Wassermenge große Fläche fließt, wird nur geringe motorische Kraft haben. Die gleiche Wassermenge, mit dem gleichen Anfangsimpuls in einen engen Kanal geleitet, wird jedes Hindernis wegschwemmen. Daher der Wert der »Zielgerichtetheit«, auf der Lehrer der Meditation stets nachhaltig bestehen. Der Kraft des Verstandes wird zwar nichts hinzugefügt, aber die Wirksamkeit seiner Kraft wird ungeheuer erhöht. Dampf, der sich in der freien Luft verströmen kann, beeinflusst nicht einmal eine Mücke in ihrem Flug; leitet man ihn hingegen durch eine Röhre, so bewegt er einen Kolben. Dieses Auferlegen einer inneren Ruhe ist aber noch schwieriger als das Außerachtlassen von außen kommender Anstöße, da dies sein eigenes tieferes und volleres Leben betrifft. Der äußeren Welt den Rücken zu kehren, ist leichter, als die innere zur Ruhe zu bringen, denn diese innere Welt wird stärker mit dem Selbst identifiziert, und sie ist es auch, die auf der gegenwärtigen Entwicklungsstufe für die meisten Menschen tatsächlich das »Ich« repräsentiert. Schon der Versuch, den Verstand auf solche Weise zur Ruhe zu bringen, führt in der Entwicklung des Bewusstseins rasch einen Fortschritt herbei, denn wir fühlen bald, dass der Herrscher und der Beherrschte nicht ein und derselbe sein können, und wir identifizieren uns instinktiv mit dem Herrscher. »Ich bringe meinen Verstand zur Ruhe«, lautet der Ausdruck des Bewusstseins, und der Verstand wird als etwas zum »Ich« Gehörendes, als ein Besitz des »Ich« empfunden.

Diese Unterscheidung wächst unbewusst heran, und der Studierende wird sich einer Dualität bewusst, eines Etwas, das lenkt, und eines anderen Etwas, das gelenkt wird. Der niedere, konkrete Verstand wird abgesondert und das »Ich« als eine größere Kraft mit klarerer Schau empfunden, und es entwickelt sich ein Gefühl, dass dieses »Ich« weder vom

Körper noch vom Verstand abhängig ist. Dies ist das erste Gewahrwerden, das erste Fühlen der wahren, unsterblichen Natur im Bewusstsein, deren Existenz intellektuell schon erkannt wurde, denn dieser Ausblick war es ja, der den Anlass zu der nun so belohnten Konzentration bildete. Mit dem Fortschreiten der Übung weitet sich nun der Horizont, aber sozusagen nicht nach außen, sondern nach innen, weiter und immer weiter nach innen, ohne jede Begrenzung. Es entfaltet sich ein Vermögen, die Wahrheit auf den ersten Blick zu erkennen, etwas, was sich erst zu zeigen vermag, wenn man über den Verstand mit seiner langsamen Vorgehensweise, Schlussfolgerungen zu ziehen, hinausgeschritten ist. (Der Leser darf nicht vergessen, dass das Wort »Verstand« hier durchwegs in der Bedeutung »niederer Verstand«, also Mentalkörper plus *Manas,* gebraucht wird.) Das »Ich« ist der Ausdruck des Selbstes, dessen Wesen Erkenntnis ist, und wann immer es mit einer Wahrheit in Berührung kommt, findet es, dass deren Schwingungen gleichmäßig und daher in der Lage sind, ein zusammenhängendes Bild in ihm hervorzubringen, während das Unwahre ein verzerrtes Bild erzeugt, das keine richtigen Verhältnisse aufweist und so schon durch seine Reflexion seine Natur anzeigt. Je mehr nun der Verstand eine untergeordnete Stellung einnimmt, desto stärker behaupten die Kräfte des Egos ihre Oberherrschaft, und an die Stelle der logischen Schlussfolgerungen – die auf der physischen Ebene etwa dem Tastsinn verglichen werden können – tritt die Intuition, die dem unmittelbaren Sehen auf der physischen Ebene vergleichbar ist. Diese Analogie ist in Wirklichkeit sogar größer, als es auf den ersten Blick erscheinen mag; denn die Intuition entwickelt sich in gleicher Weise ohne Bruch aus dem vernünftigen Urteilen auf Grund logischer Schlussfolgerungen, wie sich das Auge aus dem Tastsinn entwickelt. Es tritt sicherlich eine große Veränderung in der »Art und Weise« ein, dies sollte uns aber nicht blind machen für die ordnungsgemäße und folgerichtige Entwicklung. Die Intuition eines intellektuell Unentwickelten ist nur ein aus Begehren entstandener Impuls und steht niedriger, nicht höher als das vernunftgemäße Urteilen.

Sobald der Verstand in der Konzentration auf einen Gegenstand wohl geübt ist und seine Zielgerichtetheit – wie dieser Zustand genannt wird – durch einige Zeit aufrechterhalten kann, besteht die nächste Stufe darin, den Gegenstand fallen zu lassen und den Verstand weiter in diesem Zustand fester Aufmerksamkeit zu halten, ohne dass diese Aufmerksamkeit auf irgendetwas gerichtet ist. In diesem Zustand zeigt der Mentalkörper kein Bild; seine eigene Materie ist da, fest und sicher zusammengehalten, ohne Eindrücke zu erhalten, in einem Zustand vollkommener Ruhe, wie ein wellenlos glatter See. Es ist dies kein Zustand, der länger als nur sehr kurze Zeit anhalten kann, ähnlich dem »kritischen Zustand« in der Chemie, dem Übergangszustand zwischen zwei bestimmten Zuständen der Materie. Anders ausgedrückt, sobald der Mentalkörper zur Ruhe gebracht ist, verlässt das Bewusstsein ihn, geht in das »Laya-Zentrum« über, den neutralen Berührungspunkt zwischen dem Mentalkörper und dem Kausalkörper, und durch diesen in den letzteren. Dieser Übergang ist von einer vorübergehenden Ohnmacht begleitet, einem Schwinden des Bewusstseins – dem unvermeidlichen Ergebnis des

Verschwindens der Gegenstände des Bewusstseins –, gefolgt vom Wiederbewusstwerden im höheren Zustand. Dem Wegfall der den niederen Welten angehörenden Gegenstände des Bewusstseins folgt also das Erscheinen von Gegenständen in den höheren Welten. Jetzt kann das Ego den Mentalkörper seinen eigenen höheren Gedanken entsprechend formen und ihn mit seinen eigenen Schwingungen durchdringen. Es kann ihn nach seiner eigenen Schau in die höheren Ebenen über ihm formen, in die es in seinen höchsten Augenblicken einen flüchtigen Einblick gewinnen konnte, und kann so Vorstellungen nach unten und außen vermitteln, auf die der Mentalkörper anders nicht zu reagieren imstande wäre. Dies sind die Inspirationen des Genies, die mit blendendem Licht in den Verstand herabblitzen und eine ganze Welt erleuchten. Derjenige, der sie der Welt vermittelt, kann in seinem gewöhnlichen mentalen Zustand kaum beschreiben, wie er sie erlangte.

Bewusstsein ist überall, wo ein Gegenstand vorhanden ist, auf den es reagiert

In der Welt der Formen nimmt jede Form einen bestimmten Platz ein und man kann von ihr – wenn dieser Ausdruck gestattet ist – nicht sagen, dass sie an einem Ort sei, an dem sie nicht ist. Das bedeutet, dass sie, da sie einen bestimmten Platz einnimmt, näher oder weiter entfernt von anderen Formen ist, die ebenfalls bestimmte Plätze einnehmen, die zu dem eigenen in Beziehung stehen. Wollte die Form ihren Platz mit einem anderen vertauschen, dann muss sie den dazwischen-

Gedankenkraft

liegenden Raum überqueren. Der Übergang kann schnell oder langsam sein, schnell wie ein Blitz oder langsam wie eine Schildkröte, aber er muss gemacht werden und benötigt eine gewisse Zeit, ob diese Zeit nun kurz oder lang ist. Für das Bewusstsein hingegen existiert der Raum nicht in solcher Weise. Das Bewusstsein verändert seinen Zustand, nicht seinen Ort, und es umfasst mehr oder weniger von dem, was es nicht ist oder nicht weiß, in dem Maß, in dem es auf die Schwingungen des Nicht-Selbstes zu antworten vermag oder nicht. Sein Horizont erweitert sich mit seiner Empfänglichkeit, also mit seinem Vermögen, Schwingungen zu reproduzieren. Hier geht es nicht um eine Ortsveränderung, um ein Durchmessen dazwischenliegender Räume. Der Raum gehört zu den Formen, die einander am stärksten beeinflussen, wenn sie einander nahe sind. Deren Macht über andere nimmt in dem Maß ab, in dem ihre Entfernung voneinander wächst.

Alle, die erfolgreich Konzentration üben, machen für sich selbst erneut die Entdeckung dieser Nichtexistenz des Raumes für das Bewusstsein. Ein Meister kann sich von jedem Gegenstand innerhalb seines Bereiches Kenntnis verschaffen, indem er sich auf ihn konzentriert, und die Entfernung spielt für diese Konzentration keinerlei Rolle. Er wird sich eines Gegenstandes, zum Beispiel eines anderen Planeten, nicht deshalb bewusst, weil sein astrales Sehvermögen wie ein Teleskop wirkt, sondern deshalb, weil im inneren Bereich das ganze Universum als ein Punkt existiert. Ein solcher Mensch weitet sein Bewusstsein bis zum Herzen des Lebens und sieht in ihm alle Dinge.

In den Upanischaden steht geschrieben, dass sich im Herzen eine kleine Kammer befindet, in welcher der »innere Äther«

existiere, der die gleiche Ausdehnung habe wie der Raum. Das ist Atman, das unsterbliche Selbst, das über allem Leid steht: »In ihm wohnt der Himmel und die Welt; in ihm wohnen Feuer und Luft, Sonne und Mond, Blitz und Sterne, alles, was in diesem Weltall ist und was nicht in ihm ist.« (Chandogya-Upanischade VIII, 1, 3)

Dieser »innere Äther des Herzens« ist ein alter mystischer Ausdruck, durch den die subtile Natur des Selbstes umschrieben werden soll, die wahrhaft eins und alldurchdringend ist, so dass jeder, der im Selbst bewusst ist, an allen Punkten des Universums bewusst ist. Die Wissenschaft sagt, dass die Bewegung jedes Körpers auf Erden die fernsten Sterne beeinflusse, weil alle Körper in Äther getaucht und von Äther durchdrungen sind, einem kontinuierlichen Medium, das Schwingungen ohne Reibungen weiterleitet, also ohne Energieverlust und darum in beliebige Entfernung. Dies geschieht auf der Formseite der Natur. Wie natürlich ist es deshalb, dass das Bewusstsein, die Lebensseite der Natur, in ähnlicher Weise ein alldurchdringendes Kontinuum ist.

Wir fühlen, dass wir »hier« sind, weil wir Eindrücke von den Gegenständen in unserer Umgebung erfahren. Wenn nun das Bewusstsein in Antwort auf »ferne« Gegenstände ebenso intensiv reagiert wie auf »nahe«, fühlen wir, dass wir diesen ebenso nahe sind. Würde unser Bewusstsein auf ein Geschehnis, das auf dem Mars stattfindet, ebenso vollständig reagieren wie auf eines, das in unserem eigenen Zimmer stattfindet, dann würde es keinen Unterschied in unserer Kenntnis von beiden geben, und unser Bewusstsein würde sich in jedem der beiden Fälle gleichermaßen als »hier« empfinden.

Es ist also nicht eine Frage des Ortes, um die es sich dabei handelt, sondern eine Frage der Entfaltung unserer Fähigkeiten. Der Erkenner ist überall da, wo sein Bewusstsein reagieren kann, und eine Verstärkung seines Reaktionsvermögens bedeutet, dass alles in sein Bewusstsein eingeschlossen wird, auf das er reagiert, alles, was innerhalb seines Schwingungsbereiches liegt.

Auch hier ist wieder ein physischer Vergleich hilfreich. Das Auge sieht alles, was ihm Lichtschwingungen zusenden kann, und nichts anderes. Es kann nur innerhalb eines bestimmten Bereiches auf Schwingungen reagieren; alles, was oberhalb oder unterhalb dieses Bereiches liegt, ist für das Auge Finsternis. Der alte hermetische Grundsatz »wie oben, so unten« ist ein Schlüssel zu dem Labyrinth, das uns umgibt, und durch ein Studium der Spiegelung hier unten können wir oft etwas von dem Gegenstand oben erfahren, der sich auf solche Weise spiegelt.

Ein Unterschied zwischen diesem Vermögen, an jedem beliebigen Ort bewusst zu sein, und dem, in höhere Sphären »zu gehen«, besteht darin, dass der *Jiva* sich im ersten Fall, gleichgültig ob er in niedere Hüllen eingeschlossen ist oder nicht, sofort den »entfernten« Gegenständen gegenüber fühlt, während er im zweiten Fall, in den Mental- und Astralkörper oder auch nur in den Mentalkörper gekleidet, mit großer Geschwindigkeit von einem Punkt zum anderen reist und sich dieser Bewegung bewusst ist. Ein noch viel wichtigerer Unterschied besteht darin, dass der *Jiva* sich im zweiten Fall mitten in eine Menge von Gegenständen versetzt finden kann, die er nicht im Mindesten versteht, in eine neue und fremde Welt, die ihn bestürzt und verwirrt, während er im ersten Fall alles versteht, was er sieht, und von allem sowohl das Leben als auch die Form erkennt. In solcher Weise studiert, findet man das Licht des Einen Selbstes durch alles erstrahlen, und man erfreut sich einer frohen Erkenntnis, die niemals dadurch erreicht werden kann, dass man unzählige Zeitalter in der Wildnis der Formen zubringt.

Konzentration ist das Mittel, durch das der *Jiva* den Fesseln der Formen entschlüpft und in den Frieden eintritt. »Für den, der ohne Konzentration dahinlebt, gibt es keinen Frieden«, sagt der Lehrer in der Bhagavad Gita, denn der Frieden hat seine Stätte auf einem Felsen, der hoch über die tosenden Wogen der Form emporragt.

Wie man sich konzentriert

Nachdem der Studierende die Theorie der Konzentration verstanden hat, sollte er mit ihrer Ausübung beginnen.

Besitzt er ein zur Hingabe neigendes Temperament, dann wird seine Arbeit sehr vereinfacht sein, denn dann kann er den Gegenstand seiner Hingabe zum Gegenstand seiner Kontemplation nehmen, und da das Herz von diesem Gegenstand machtvoll angezogen wird, wird sein Verstand bereitwillig bei diesem verweilen, er wird das geliebte Bild ohne Anstrengung darstellen und andere mit ebensolcher Leichtigkeit ausschließen. Der Verstand wird ständig von Wünschen angetrieben und dient unaufhörlich als Werkzeug der Lust. Der Verstand trachtet ständig nach dem, was Lust gewährt, er ist stets darauf aus, Bilder hervorzubringen, die Lust gewähren, und solche auszuschließen, die Schmerz verursachen. Er wird also bei einem geliebten Bild verweilen und durch die dabei erfahrene Freude in der Betrachtung gefestigt. Wenn er gewaltsam davon abgezogen wird, so wird er immer wieder zu ihm zurückkommen. Ein sich hingebender Mensch kann so sehr rasch einen beträchtlichen Grad von Konzentration erreichen. Er wird an den Gegenstand seiner Verehrung denken, mit seiner Einbildungskraft, so klar er es vermag, ein Bild von diesem Gegenstand gestalten und dann seinen Verstand unverwandt auf dieses Bild, auf den Gedanken an den Geliebten, gerichtet halten. Ein Christ kann auf solche Weise an Christus, an Maria, einen Schutzheiligen oder seinen Schutzengel denken; ein Hindu an Maheshvara, Vishnu, Uma oder Sri Krishna; ein Buddhist an Buddha oder an den Bodhisattva; ein Parse an Ahuramazda und so weiter. Alle diese Wesen regen die Hingabe des Verehrenden an, und die Anziehungskraft, die sie auf sein Herz ausüben, fesselt den Verstand an das Glück spendende Objekt. Auf diese Weise gelangt der Verstand mit der geringsten Anstrengung, mit dem geringsten Aufwand an Energie zur Konzentration.

Auch wenn das Temperament nicht devotionell ist, kann das Element der Anziehung dennoch zur Unterstützung herangezogen werden, doch wird es in diesem Fall die Bindung an eine Idee herstellen und nicht an eine Person. Bei den ersten Konzentrationsversuchen sollte man immer zu diesem Hilfsmittel greifen. Für den Nicht-Devotionellen wird das attraktive Bild die Form einer tiefgründigen Idee, eines tiefen Problems annehmen, das dann den Gegenstand seiner

Konzentration bildet und den Verstand stetig darauf gerichtet hält. Hier ist die bindende Anziehungskraft intellektuelles Interesse, der tiefe Wunsch nach Erkenntnis, ein Grundverlangen des Menschen.

Eine andere, sehr fruchtbare Form der Konzentration für Menschen, die sich nicht zu einer Persönlichkeit als Gegenstand der Hingabe hingezogen fühlen, ist es, eine Tugend auszuwählen und sich auf diese zu konzentrieren. Durch einen solchen Konzentrationsgegenstand kann eine intensive Form der Hingabe erweckt werden, denn er appelliert durch die Liebe zu intellektueller und moralischer Schönheit an das Herz. Man sollte sich diese Tugend im Verstand so vollkommen als möglich vorstellen, und wenn ein allgemeiner Überblick über ihre Wirkungen erlangt ist, sollte der Verstand stetig auf ihr essenzielles Wesen gerichtet bleiben. Ein großer zusätzlicher Vorteil dieser Art von Konzentration ist es, dass dadurch, dass der Verstand sich der Tugend entsprechend formt und ihre Schwingungen wiederholt, diese Tugend allmählich zu einem Teil der Natur des Übenden und zu einem festen Bestandteil seines Charakters wird. Dieses Formen des Verstandes ist in der Tat ein Akt der Selbstgestaltung, denn der Verstand verfällt nach einer Weile leicht in die Formen, in die er zuerst durch die Konzentration gezwungen wurde, und diese Formen werden dann zu Organen seiner gewohnheitsmäßigen Ausdrucksweise. Es ist wahr, was die alte Chandogya-Upanischade lehrt: »Der Mensch ist ein Geschöpf des Denkens; das, woran er in diesem Leben denkt, wird er in Zukunft werden.«

Wenn der Verstand seinen Halt an dem Gegenstand, sei er nun devotionell oder intellektuell, verliert – was er von Zeit zu Zeit tun wird –, dann muss er zurückgebracht und wieder auf den Gegenstand gerichtet werden. Zuerst wird er oft abschweifen, ohne dass dies erkannt wird, und der Studierende bemerkt plötzlich, dass er an etwas ganz anderes denkt als an den eigentlichen Gegenstand seines Nachdenkens. Das wird wieder und wieder geschehen, und er muss sein Denken geduldig immer wieder zurückbringen. Dies ist ein beschwerlicher und ermüdender Vorgang, aber es gibt keinen anderen Weg, auf dem Konzentration erlangt werden kann.

Eine nützliche und förderliche mentale Übung besteht darin, dass man den Verstand, wenn er auf solche Weise unbemerkt entschlüpft ist, auf den Weg zurückbringt, den er bei seinem Abschweifen benützt hat. Eine solche Vorgehensweise stärkt die Herrschaft des Reiters über sein durchgegangenes Pferd und vermindert dessen diesbezügliche Neigung.

Wenn folgerichtiges Denken auch ein Schritt auf dem Weg zur Konzentration ist, so ist es doch nicht identisch mit dieser, denn beim folgerichtigen Denken geht der Verstand in einer Reihe von Bildern von einem Bild zum nächsten über und bleibt nicht bei einem allein stehen. Aber da es viel leichter ist als Konzentration, kann es der Anfänger als einen Weg zu der schwierigeren Aufgabe benützen. Für einen devotionellen Menschen ist es oft hilfreich, eine Szene aus dem Leben des Gegenstandes seiner Hingebung zu wählen und sich diese lebhaft in allen Einzelheiten vorzustellen, mit ihrer ganzen lokalen landschaftlichen Umgebung und Färbung. Auf diese Weise wird der Verstand allmählich in eine bestimmte Richtung geleitet und kann schließlich auf die Zentralfigur der Szene, den Gegenstand der Hingabe, fixiert werden. Wenn diese Szene im Verstand reproduziert wird, nimmt sie einen Hauch von Wirklichkeit an, und es ist gut möglich, auf diese Weise mit der Aufzeichnung dieser Szene in einer höheren Sphäre – ihrer bleibenden Fotografie im kosmischen Äther – in magnetische Berührung zu kommen und dadurch eine viel genauere Kenntnis von ihr zu erlangen, als irgendeine Beschreibung sie geben kann. Der Devotionelle kann auf solche Weise auch mit dem Gegenstand seiner Verehrung selbst in magnetische Berührung gelangen und durch diesen unmittelbaren Kontakt in viel innigere Beziehungen zu ihm eintreten, als es auf andere Weise möglich wäre. Das Bewusstsein unterliegt nicht den räumlichen Beschränkungen des Physischen, es ist überall da, wo es bewusst ist – eine Feststellung, die schon erklärt wurde.

Die eigentliche Konzentration besteht jedoch, woran nochmals erinnert werden muss, nicht aus diesem folgerichtigen Denken, und der Verstand muss schließlich an einen Gegenstand festgeheftet werden und bei ihm verharren, nicht über ihn logisch nachdenkend, sondern seinen Inhalt sozusagen aussaugend, indem er ihn absorbiert.

8

Hindernisse der Konzentration

Der ruhelose Verstand

Die allgemeine Klage jener, die Konzentration zu üben beginnen, lautet dahingehend, dass gerade der Versuch, sich zu konzentrieren, eine noch größere Ruhelosigkeit des Verstandes zur Folge hat. Bis zu einem gewissen Grade ist dies richtig, denn das Gesetz von Wirkung und Gegenwirkung besteht, wie überall, so auch hier, und der auf den Verstand ausgeübte Druck zeitigt eine entsprechende Gegenwirkung. Aber wenn wir dies auch zugeben, so finden wir bei genauerem Studium doch, dass das Empfinden einer vermehrten Ruhelosigkeit weitgehend auf einer Täuschung beruht. Dieses Empfinden gründet sich vorwiegend darauf, dass plötzlich ein Widerstreit zwischen dem Ego herbeigeführt wurde, das stetiges Beharren erstrebt, und dem Verstand, der sich in seinem normalen Zustand der Beweglichkeit befindet. Das Ego ist in einer langen Reihe von Leben vom Verstand in seinen raschen Bewegungen mitgetragen worden, ebenso wie der Mensch ständig von der kreisenden Erde durch den Raum getragen wird. Er ist sich dabei keiner Bewegung bewusst; er bemerkt nicht, dass die Erde sich bewegt, so sehr ist er ein Teil von ihr, während er sich bewegt wie sie. Wäre er imstande, sich von der Erde zu trennen und seine eigene Bewegung einzustellen, ohne in Stücke gerissen zu werden, dann könnte er gewahr werden, dass sich die Erde mit großer Geschwindigkeit dreht. Solange ein Mensch jeder Bewegung seines Verstandes nachgibt, gewahrt er dessen ständige Aktivität und Rastlosigkeit nicht; aber sobald er sich selbst zur Ruhe bringt und aufhört, aktiv zu sein, fühlt er die unaufhörliche Bewegung des Verstandes, der er bisher gefolgt ist.

Wenn der Anfänger diese Tatsachen kennt, wird er sich nicht schon am Beginn seiner Bemühungen dadurch entmutigen lassen, dass er dieser allgemeinen Erfahrung begegnet, er wird sie als gegeben hinnehmen und ruhig an seiner Aufgabe weiterarbeiten. Er macht schließlich nur die gleiche Erfahrung wieder, von der vor fünftausend Jahren Arjuna in der Bhagavad Gita sagte:

»Für diesen Yoga, den man, wie du erklärst, durch Gleichmut erreichen soll, sehe ich keine feste Grundlage, denn der Verstand ist wahrhaft ruhelos, oh Krishna! Er ist ungestüm, stark und schwer zu bezwingen; er ist, so glaube ich, ebenso schwer im Zaum zu halten wie der Wind.«

Aber ebenso wahr ist immer noch die Antwort, die auf den einzigen Weg hinweist, der zum Erfolg führt:

»Zweifellos, oh Wohlbewehrter, ist der Verstand schwer zu bezähmen und ruhelos; aber er kann bezähmt werden durch ständige Übung und Gelassenheit.«

Der so zur Ruhe gebrachte Verstand wird nicht mehr so leicht aus dem Gleichgewicht gebracht werden durch umherschweifende Gedanken anderer, die sich einzunisten trachten, jenen wandernden Schwarm, der uns ständig umgibt. Der an

Konzentration gewöhnte Verstand behält stets eine positive Haltung und lässt sich nicht leicht von unberechtigten Eindringlingen beeinflussen. Wer seinen Verstand schult, sollte eine Haltung steter Wachsamkeit einnehmen gegenüber allen Gedanken, »die ihm einfallen«, und eine sorgfältige Auswahl unter ihnen treffen. Die Weigerung, schlechten Gedanken Herberge zu geben, ihre sofortige Ausstoßung, wenn ihnen ein Eintritt gelang, das unverzügliche Ersetzen eines üblen Gedankens durch einen guten entgegengesetzten Charakter – diese Übung wird den Verstand so umstimmen, dass er nach einer gewissen Zeit automatisch handeln und Übles aus eigenem Antrieb zurückweisen wird. Harmonische und rhythmische Schwingungen stoßen unharmonische und unregelmäßige ab; sie prallen von einer rhythmisch schwingenden Oberfläche ab wie ein Stein, der auf ein rotierendes Rad trifft. Da wir alle in einem ständig fließenden Strom von Gedanken leben, von guten und schlechten, müssen wir diese auswählende Aktivität unseres Verstandes ausbilden, so dass er das Gute automatisch in sich aufnimmt und das Schlechte ebenso automatisch abstößt.

Der Verstand ist wie ein Magnet, der anzieht und abstößt; die Art dieser Anziehung und Abstoßung aber kann von uns bestimmt werden. Wenn wir die Gedanken betrachten, die in unserem Verstand auftauchen, so werden wir finden, dass sie von derselben Art sind wie jene, die wir gewohnheitsgemäß begünstigen. Der Verstand zieht Gedanken an, die seiner gewöhnlichen Tätigkeit entsprechen. Wenn wir nun eine Zeit lang hierin eine vorbedachte Auswahl treffen, wird der Verstand diese Auswahl bald von sich aus entlang der für ihn festgelegten Richtung vornehmen, und es werden dadurch üble Gedanken nicht mehr in den Verstand eindringen, während gute stets offene Türen finden werden.

Die meisten Menschen sind nur allzu empfänglich, aber ihre Empfänglichkeit beruht auf Schwäche und nicht auf vorbedachter Selbsthingabe gegenüber höheren Einflüssen. Wir tun daher gut daran, normalerweise positiv zu sein, aber zu lernen, wie wir negativ werden können, wenn wir finden, dass es wünschenswert ist, so zu sein.

Die Gewohnheit der Konzentration führt von sich aus zu einer Stärkung des Verstandes, so dass er von außen kommende Gedanken bereitwillig einer Kontrolle unterwerfen und eine Auswahl treffen wird, und es ist bereits angegeben worden, wie er geschult werden kann, die schlechten automatisch zurückzuweisen. Aber es dürfte gut sein, dem Gesagten noch Folgendes hinzuzufügen: Wenn ein übler Gedanke in den Verstand eindringt, ist es besser, nicht direkt mit ihm zu kämpfen, sondern sich die Tatsache zunutze zu machen, dass der Verstand niemals gleichzeitig an zwei Dinge denken kann; man lenke den Verstand daher sofort auf einen guten Gedanken, und der üble wird dadurch notwendigerweise ausgetrieben. Wenn wir gegen irgendetwas ankämpfen, dann verursacht eben diese Kraft eine ihr entsprechende Gegenwirkung und vergrößert dadurch unsere Schwierigkeiten. Wenn wir aber unseren mentalen Blick einem in einer anderen Richtung gelegenen Bild zuwenden, so hat dies zur Folge, dass das frühere Bild unbemerkt aus unserem Gesichtsfeld verschwindet. Viele Menschen vergeuden Jahre damit, unreine Gedanken zu bekämpfen, während eine ruhige Beschäftigung des Verstandes mit reinen Gedanken seinen Gegnern keinen Raum ließe. Außerdem wird der Verstand dadurch, dass er Materie in sich hineinzieht, die auf Übles nicht reagiert, allmählich positiv und unempfänglich für Gedanken dieser Art. Hierin liegt das Geheimnis richtiger Aufnahmefähigkeit. Der Verstand reagiert seiner Konstitution gemäß; er reagiert auf alles, was seiner eigenen Natur verwandt ist. Dadurch, dass wir gewohnheitsmäßig gute Gedanken pflegen, machen wir ihn im positiven Sinne abwehrend gegen Übles und im negativen Sinne empfänglich für gutes Denken, da wir in seinen Aufbau Stoffe einfügen, die empfänglich für Gutes, aber unempfänglich für Böses sind. Wir müssen an das denken, was wir zu empfangen wünschen, und uns weigern, an das zu denken, was wir nicht zu empfangen wünschen. Ein solcher Verstand zieht dann aus dem Gedankenmeer, das ihn umgibt, gute Gedanken an und stößt üble ab. Er wird dadurch inmitten der gleichen mentalen Atmosphäre, die andere gemeiner und schwächer macht, immer reiner und stärker.

Die Methode, einen Gedanken durch einen anderen zu ersetzen, kann in vielerlei Hinsicht mit Vorteil angewendet werden. Wenn ein unfreundlicher Gedanke über einen anderen Menschen in unserem Verstand aufkommt, sollte er sofort durch den Gedanken an irgendeine gute Eigenschaft ersetzt werden, die dieser Mensch besitzt, oder an irgendeine gute Tat, die er geübt hat. Wenn unser Verstand durch Sorgen beunruhigt wird, sollten wir ihn auf den Zweck lenken, dem das Leben dient, und an das gute Gesetz, das mächtig und doch sanft alle Dinge ordnet. Wenn eine besondere Art von unerwünschten Gedanken sich ständig aufdrängt, ist es klug, sich mit einer besonderen Waffe zu versehen. Es sollte irgendein Vers oder Satz gesucht werden, der die entgegengesetzte Vorstellung ausdrückt. Sooft dann der abzulehnende Gedanke sich einstellt, sollte man diesen Satz wiederholen und über ihn nachsinnen. Nach ein oder zwei Wochen wird dann der unerwünschte Gedanke einen nicht mehr beunruhigen.

Es ist zweckmäßig, für den Verstand stets irgendeinen hohen Gedanken, ein ermutigendes Wort zur Verfügung zu halten, etwas, was zu einem edlen Leben inspiriert. Ehe wir in die Unruhe des täglichen Lebens hinausgehen, sollten wir unserem Verstand jedes Mal einen solchen Schild guter Gedanken mitgeben. Wenige aus einer der heiligen Schriften der Menschheit genommene Worte genügen, und wenn diese am frühen Morgen dadurch, dass man sie ein paar Mal vor sich hersagt, im Verstand verankert werden, dann werden sie sich während des Tages immer wieder einstellen, und der Verstand wird sie wiederholen, sooft er unbeschäftigt ist.

Die Gefahren der Konzentration

Es gibt bestimmte, mit der Praxis der Konzentration verbundene Gefahren, vor denen der Anfänger gewarnt werden muss, denn viele eifrige Sucher gehen in ihrem Bestreben, recht weit zu kommen, zu hastig vor und schaden sich dadurch, anstatt sich zu nützen.

Durch Unwissenheit und Unaufmerksamkeit des Studierenden kann dessen Körper leicht zu Schaden kommen.

Wenn jemand seinen Verstand konzentriert, nimmt sein Körper unwillkürlich einen Zustand der Spannung an, ohne dass er es bemerkt, denn dies erfolgt unwillkürlich. An vielen trivialen Dingen kann beobachtet werden, dass der Körper in solcher Weise dem Verstand folgt. Wenn man sich anstrengt, sich an etwas zu erinnern, bewirkt dies ein Stirnrunzeln, die Augen werden starr und die Brauen ziehen sich zusammen; gespannte Aufmerksamkeit wird von einem Starrwerden der Augen begleitet, ängstliche Sorge durch einen unruhig sinnenden Blick. Seit unvordenklichen Zeiten war jede Anstrengung des Verstandes mit einer solchen des Körpers verbunden, der Verstand war vollständig darauf ausgerichtet, durch körperliche Anstrengungen für die körperlichen Bedürfnisse zu sorgen; dadurch entstand eine Verbindung zwischen den beiden, die automatisch wirkt.

Wenn man mit Konzentration beginnt, folgt der Körper wie gewohnt dem Verstand, die Muskeln werden steif und die Nerven straff; daher tritt starke physische Ermüdung ein, nervöse Erschöpfung und starker Kopfschmerz. Viele Menschen werden dadurch bestimmt, ihre Übungen wieder aufzugeben, in dem Glauben, diese schlimmen Wirkungen seien unvermeidlich.

In Wirklichkeit können sie aber durch eine ganz einfache Vorsichtsmaßnahme vermieden werden. Der Anfänger sollte dann und wann seine Konzentration so weit unterbrechen, dass er den Zustand seines Körpers überprüfen kann; findet er, dass dieser angespannt, verkrampft und steif ist, dann sollte er sich sofort entspannen. Hat er dies einige Male getan, dann lösen sich diese Verknüpfungen und der Körper bleibt geschmeidig und ruhig, auch während der Verstand konzentriert ist. Patanjali sagt, dass die in der Meditation eingenommene Haltung »bequem und angenehm« sein soll; der Körper nützt dem Verstand nicht dadurch, dass er sich anspannt, er schadet aber sich selbst.

Vielleicht ist es mir gestattet, eine persönliche Anekdote zur Erläuterung wiederzugeben: Als ich von H. P. Blavatsky geschult wurde, wurde ich eines Tages von ihr aufgefordert, eine besondere Willensanstrengung zu unternehmen. Ich tat dies mit großer Intensität und mit dem Ergebnis, dass die Blutgefäße meines Kopfes anschwollen. Da sagte sie trocken: »Meine Liebe, sie üben Ihren Willen doch nicht mit Ihren Blutgefäßen aus!«

Eine zweite physiologische Gefahr entsteht durch die Wirkung, die von der Konzentration auf die Nervenzellen des Gehirns ausgeübt wird. Wenn die Stärke der Konzentration zunimmt, der Verstand zur Ruhe gebracht ist und das Ego durch den Verstand zu wirken beginnt, stellt es an die Gehirn-Nervenzellen neue Anforderungen. Diese Zellen bestehen natürlich letztlich aus Atomen, und die Wände dieser Atome bestehen aus Windungen von Spirillen, durch die Ströme von Lebenskraft fließen. Von diesen Spirillen gibt es sieben Reihen, von denen derzeit nur vier benutzt werden; die restlichen drei sind noch nicht in Verwendung – es sind praktisch rudimentäre Organe. Wenn nun die höheren Kräfte herabströmen und nach einem Durchgangsweg in den Atomen suchen, wird eine Reihe von Spirillen, die auf einer späteren Entwicklungsstufe als Stromweg dieser Kräfte dienen wird, zur Tätigkeit gezwungen. Geschieht dies sehr langsam und

Gedankenkraft

vorsichtig, dann entsteht kein Schaden, aber ein Überdruck schädigt die zarte Struktur der Spirillen. Solange sie nicht benützt werden, sind die Wände dieser winzigen, zarten Röhrchen in enger Berührung aneinandergefügt wie bei weichen Kautschukröhrchen. Werden die Wände gewaltsam auseinander gezogen, so können sie leicht zerreißen. Ein Gefühl von Dumpfheit und Schwere, das sich über das ganze Gehirn ausbreitet, ist ein Signal für das Bestehen einer Gefahr; wird es nicht beachtet, dann wird sich heftiger Schmerz einstellen, und eine hartnäckige Entzündung kann folgen. Konzentration sollte daher im Anfang sehr maßvoll geübt und nie bis zu dem Punkt getrieben werden, an dem eine Ermüdung des Gehirns eintritt. Einige Minuten lang genügt für den Anfang, die Zeit kann dann mit dem Fortschreiten der Übungen verlängert werden.

Allein, so kurz auch die Zeit bemessen werden mag, die man ihr widmet, man sollte sie ihr regelmäßig widmen. Unterlässt man die Übung an einem Tag, dann stellt sich wieder der frühere Zustand der Atome ein und man muss mit der Arbeit wieder von vorne anfangen. Stetige, nicht zu lange ausgedehnte Übung sichert die besten Ergebnisse und vermeidet die Gefahren.

In einigen sogenannten Hatha-Yoga-Schulen wird den Schülern empfohlen, die Konzentration durch Fixieren des Blickes auf einen schwarzen Punkt auf einer weißen Wand zu unterstützen und dies solange fortzusetzen, bis ein Trancezustand eintritt. Es gibt zwei Gründe, weshalb man dies nicht tun sollte. Erstens schädigt diese Übung nach einer gewissen Zeit das physische Sehvermögen, die Augen verlieren die Fähigkeit, sich richtig einzustellen. Zweitens verursacht sie eine Art Gehirnlähmung. Diese beginnt mit einer Ermüdung der Zellen der Netzhaut, auf welche die Lichtwellen ständig auftreffen; der Platz auf der Netzhaut, an dem das Bild geformt wird, wird infolge der andauernden Beanspruchung unempfänglich, und der Punkt verschwindet aus dem Blickkreis. Diese Ermüdung wirkt nach innen weiter, bis schließlich eine Art von Lähmung eintritt und der Betreffende in einen hypnotischen Trancezustand verfällt. Tatsächlich bildet die übermäßige Reizung eines Sinnesorgans im Westen eine anerkannte Methode zum Herbeiführen von Hypnose – ein rotierender Spiegel, elektrisches Licht und ähnliche Hilfsmittel werden zu diesem Zweck benützt.

Eine Lähmung des Gehirns unterbricht aber nicht nur alles Denken auf der physischen Ebene, sie macht das Gehirn auch für nicht-physische Schwingungen unempfindlich, so dass das Ego es nicht mehr beeinflussen kann; sie befreit den Menschen also nicht, sie beraubt ihn nur seines Werkzeuges. Es kann jemand wochenlang in einem so herbeigeführten Trancezustand verharren, wenn er daraus erwacht, wird er nicht weiser sein als am Anfang. Er hat keinerlei Erkenntnisse erlangt, er hat nur Zeit vergeudet. Solche Methoden führen keine spirituellen Kräfte herbei, sie haben nur physische Schäden zur Folge.

Meditation

Was unter Meditation zu verstehen ist, wurde eigentlich schon gesagt, denn sie besteht nur darin, den Verstand konzentriert zu halten, sei es auf ein Objekt der Verehrung, ein Problem, das der Aufhellung bedarf, um verstanden zu werden, oder auf irgendetwas anderes, bei dem man sich mehr über das Leben klar werden und dieses aufnehmen muss als die Form. Meditation lässt sich nicht wirksam durchführen, solange man nicht Konzentration wenigstens bis zu einem gewissen Grade gemeistert hat; denn die Konzentration ist kein Selbstzweck, sondern nur das Mittel zu einem Zweck. Sie formt den Verstand zu einem Werkzeug, das von seinem Besitzer willentlich genutzt werden kann. Wenn der Verstand konzentriert und stetig auf irgendeinen Gegenstand gerichtet wird, in der Absicht, den ihn umgebenden Schleier zu durchdringen, in sein Leben einzudringen und dieses Leben in eine Einheit mit jenem Leben zu bringen, dem der Verstand angehört – dann ist das Meditation. Man könnte also die Konzentration als Formen des Organs, die Meditation als dessen Verwendung betrachten. Der Verstand muss zielgerichtet werden; dann wird er auf irgendeinen Gegenstand konzentriert, von dem man Erkenntnis zu erlangen wünscht, und man lässt ihn ruhig und fest auf diesem Gegenstand verweilen.

Wer sich entschlossen hat, ein spirituelles Leben zu führen, muss täglich einige Zeit der Meditation widmen. Ebenso wenig wie physisches Leben ohne Nahrungszufuhr aufrechterhalten werden kann, ist spirituelles Leben ohne Meditation möglich. Wer nicht jeden Tag eine halbe Stunde erübrigen kann, in der die Welt ausgeschlossen wird, so dass der Verstand aus den spirituellen Ebenen einen Strom des Lebens empfangen kann, vermag kein spirituelles Leben zu führen. Nur einem konzentrierten, ruhigen, stetigen und von der Welt abgeschlossenen Denken kann sich das Göttliche enthüllen. Gott zeigt sich in seinem Weltall in zahllosen Formen; im menschlichen Herzen aber zeigt er sich in seinem Leben und Wesen, er offenbart sich dort ja dem, was ein Teil seiner selbst ist. In dieser Stille strömen Frieden, Stärke und Kraft in die Seele, und der Mensch, der meditiert, ist stets auch der wirkungsfähigste Mensch in der Welt. Ein praktischer Mystiker ist die stärkste Kraft in der Welt. Konzentrierte Intelligenz, die Fähigkeit, sich aus der Unruhe der Welt zurückzuziehen, bedeutet einen ungeheuren Zuwachs an Arbeitskraft, bedeutet Beharrlichkeit, Selbstbeherrschung und heitere Ruhe. Ein Mensch, der meditiert, ist ein Mensch, der keine Zeit vergeudet, keine Kraft verschwendet und keine Gelegenheit versäumt. Ein solcher Mensch beherrscht die Ereignisse, denn in ihm ist die Kraft, während die Ereignisse nur deren äußerer Ausdruck sind. Er hat Anteil am göttlichen Leben und darum auch an der göttlichen Kraft.

9

Die Stärkung der Gedankenkraft

Wir können nun zur praktischen Verwertung der Ergebnisse unseres Studiums übergehen, denn ein Studium, das zu keiner praktischen Betätigung führt, ist unfruchtbar. Noch immer gilt der alte Satz: »Endzweck aller Philosophie ist es, dem Leid ein Ende zu setzen.« Wir müssen lernen, unsere Gedankenkraft zu entwickeln und dann diese so entwickelte Kraft zu benützen, um unserer Umgebung zu helfen, den Lebenden sowohl als auch den sogenannten Toten, die Entwicklung der Menschheit zu fördern und auch unseren eigenen Fortschritt zu beschleunigen.

Die Gedankenkraft kann nur durch stetige und beharrliche Übung gestärkt werden; so wie die Entwicklung der Muskeln davon abhängt, dass wir jene Muskeln, die wir schon besitzen, trainieren, so hängt unsere mentale Entwicklung davon ab, dass wir den Verstand, den wir schon besitzen, ausbilden.

Es ist ein Lebensgesetz, dass Wachstum aus Übung entspringt. Das Leben, unser Selbst, sucht ständig nach vermehrtem Ausdruck durch die Form, in die es eingeschlossen ist. Wenn es durch Übung wachgerufen wird, verursacht sein Druck auf die Form eine Ausdehnung derselben, frische Materie wird in der Form abgelagert, und ein Teil der Ausdehnung wird dadurch zu einer dauernden. Wird ein Muskel durch Übung gestreckt, so fließt mehr Leben in ihn, seine Zellen vermehren sich und der Muskel wächst. Wenn der Mentalkörper unter der Wirkung des Denkens schwingt, wird frische Materie aus der mentalen Atmosphäre in ihn hineingezogen und in den Körper eingebaut, so dass er sowohl an Größe als auch an Kompliziertheit seines Aufbaues zunimmt. Ein ständig geübter Mentalkörper wächst, gleichgültig ob die in ihm vor sich gehenden Gedanken gut oder schlecht sind. Die Menge des Denkens bestimmt das Wachsen des Körpers, die Qualität des Denkens die Art der für dieses Wachstum verwendeten Materie.

Nun vermehren sich die Zellen der grauen Substanz des physischen Gehirns, wenn es durch Denken geübt wird. Untersuchungen an Verstorbenen haben gezeigt, dass das Gehirn eines Denkers nicht nur größer und schwerer als das Gehirn eines manuellen Arbeiters ist, sondern dass es auch eine viel größere Zahl von Windungen besitzt. Diese liefern eine bedeutend vergrößerte Oberfläche an grauer Nervensubstanz, die das unmittelbare physische Werkzeug des Denkens bildet.

Es wächst also sowohl der Mentalkörper als auch das physische Gehirn durch Übung, und wer diese Denkwerkzeuge vergrößern und verbessern will, muss sich regelmäßig täglichen Denkübungen widmen, mit dem klaren Ziel, die mentalen Fähigkeiten zu verbessern. Es ist nicht nötig zu erwähnen, dass durch solche Übungen auch die dem Erkenner innewohnenden Kräfte schneller entwickelt werden und dann ihrerseits mit vermehrter Kraft ständig auf seine Werkzeuge einwirken.

Damit diese praktischen Übungen ihre volle Wirkung erzielen, müssen sie aber methodisch vorgenommen werden. Man wähle ein geeignetes Buch über einen Gegenstand, der einen interessiert, ein Buch, das von einem kompetenten Autor verfasst wurde und neue, kraftvolle Gedanken enthält. Dann lese man einen oder mehrere Sätze langsam durch und denke dann scharf und eindringlich über das Gelesene nach. Es ist eine gute Regel, doppelt so lange nachzudenken als zu lesen, denn der Zweck des Lesens ist ja nicht das bloße Kennenlernen neuer Gedanken, sondern die Stärkung der Gedankenkraft. Wenn möglich, sollte dieser Übung eine halbe Stunde gewidmet werden, aber der Studierende kann auch mit einer Viertelstunde beginnen, da er wahrscheinlich finden wird, dass angestrengte Aufmerksamkeit ihn am Anfang etwas erschöpft.

Wer eine solche Übungsweise aufnimmt und sie einige Monate hindurch regelmäßig befolgt, wird nach Verlauf dieser Zeit mit Sicherheit finden, dass seine mentale Kraft entschieden gewachsen ist und er den gewöhnlichen Aufgaben des Lebens viel wirksamer gegenüberzutreten vermag als vorher. Die Natur ist eine gerechte Zahlmeisterin, die jedem genau den Lohn auszahlt, den er verdient hat, aber nicht einen Pfennig mehr. Wer den Lohn einer gestärkten Gedankenkraft erhalten möchte, muss sie sich durch harte Denkarbeit verdienen.

Diese Arbeit ist, wie schon gezeigt wurde, eine zweifache. Einerseits müssen die Kräfte des Bewusstseins hervorgeholt und andererseits die Formen, durch die es zum Ausdruck gelangt, entwickelt werden. Namentlich der erste Punkt darf nicht vergessen werden. Viele erkennen den Einfluss, den ein scharfes Denken auf das Gehirn ausübt, bereitwillig an, sie vergessen aber, dass die Quelle allen Denkens das ungeborene, unsterbliche Selbst ist und sie nur das wachrufen, was sie bereits besitzen. In ihnen selbst ruht alle Kraft, und sie brauchen sie nur zu benützen, denn die Wurzel des Lebens in einem jeden ist das göttliche Selbst, und jener Aspekt des Selbstes, der Erkenntnis ist, waltet in jedem Menschen und sucht fortwährend nach Gelegenheiten, sich umfassender zum Ausdruck zu bringen. Die Kraft ist unerschaffen und ewig in jedem vorhanden, nur die Form wird gestaltet und verändert. Diese Kraft im Inneren eines jeden ist dieselbe Kraft, die das Weltall gestaltet hat, sie ist göttlich und nicht menschlich, ein Teil des Lebens des Logos und unzertrennlich von ihm.

Würde der Studierende sich dieses vergegenwärtigen und sich daran erinnern, dass es nicht die Unzulänglichkeit der Kraft ist, welche die Schwierigkeiten hervorruft, sondern die Unvollkommenheit des Werkzeugs, dann würde er oft mit mehr Mut und Hoffnung, und darum auch mit mehr Erfolg an die Arbeit gehen. Er sollte daher stets das Gefühl haben, dass seine Natur ihrem innersten Wesen nach Erkenntnis ist und es von ihm abhängt, wie weit seine essenzielle Natur in seiner gegenwärtigen Inkarnation Ausdruck findet. Dieser Ausdruck ist zwar durch sein vergangenes Denken beschränkt, aber er kann jetzt durch die gleiche Kraft gestärkt und wirksamer gemacht werden, die in der Vergangenheit die Gegenwart formte. Formen sind plastische Gebilde, die, wenn auch nur allmählich, durch die Schwingungen des Lebens umgeformt werden können.

Vor allem aber muss der Studierende sich immer dessen bewusst sein, dass für ein stetiges Wachstum die Regelmäßig-

Gedankenkraft

keit der Übungen wesentlich ist. Wird die Übung an einem Tag ausgelassen, so ist, wenigstens auf den Anfangsstufen des Wachstums, die Arbeit von drei oder vier Tagen erforderlich, um das Zurückfallen wiedergutzumachen. Sobald man die Gewohnheit erworben hat, mit beherrschter Kraft zu denken, ist die Regelmäßigkeit der Übungen nicht mehr so wichtig. Bis dahin aber ist sie von allergrößter Wichtigkeit, denn die alte Gewohnheit zerstreuten Schweifens der Gedanken festigt sich sonst sofort wieder. Die Materie des Mentalkörpers fällt in die alten Formen zurück und muss bei der Wiederaufnahme der Übungen erst erneut aus diesen herausgerüttelt werden. Besser fünf Minuten tägliche Arbeit, als an manchen Tagen eine halbe Stunde und an anderen nichts.

Sorgen – ihre Bedeutung und Beseitigung

Man sagt zu Recht, dass die Menschen mehr durch ihre Sorgen altern als durch ihre Arbeit. Arbeit schädigt, wenn man sie nicht übertreibt, den Denkapparat nicht, im Gegenteil, sie kräftigt ihn. Der mit dem Ausdruck »sich Sorgen machen« bezeichnete Vorgang aber schädigt ihn entschieden und führt nach einer gewissen Zeit zu nervöser Erschöpfung und zu einer Reizbarkeit, die stetige mentale Arbeit unmöglich macht.

Was versteht man unter »sich Sorgen machen«? Es ist dies der Vorgang, den gleichen Gedankengang mit geringen Änderungen immer von neuem zu wiederholen, ohne zu einem Ergebnis zu gelangen oder ohne ein Ergebnis überhaupt anzustreben. Es ist die fortgesetzte Reproduktion von Gedankenformen, die nicht vom Bewusstsein, sondern vom Mentalkörper und vom Gehirn erzeugt sind und von diesen dem Bewusstsein aufgedrängt werden. Wie übermüdete Muskeln nicht stillhalten können, sondern sich entgegen dem Willen ruhelos bewegen, so wiederholen Mentalkörper und Gehirn übermüdet immer wieder genau jene Schwingungen, die sie ermüdet haben, und der Denker versucht vergebens, sie zu beschwichtigen und so Ruhe zu erhalten. Hier ist wieder ein Automatismus wahrzunehmen, die Tendenz, sich in der gleichen Richtung weiterzubewegen, in der bereits eine Bewegung erfolgt ist. Der Denker hat über einen schmerzlichen Gegenstand nachgedacht und sich bemüht, zu einer brauchbaren endgültigen Lösung zu gelangen. Das ist ihm nicht gelungen, und er hört auf zu denken, bleibt aber unbefriedigt, da er eine Lösung zu finden wünscht und von Furcht vor der bevorstehenden Schwierigkeit beherrscht ist. Diese Furcht hält ihn in einer ängstlichen, ruhelosen Verfassung, die ein ungeregeltes Ausströmen von Kraft zur Folge hat. Unter dem Einfluss dieser Energie und dieses Wunsches setzen nun Mentalkörper und Gehirn, ohne vom Denker geleitet zu sein, ihre Bewegungen fort und lassen die bereits geformten, aber wieder verworfenen Bilder von neuem hervortreten. Diese Bilder drängen sich sozusagen seiner Aufmerksamkeit auf, und diese Aufeinanderfolge wiederholt sich immer wieder. Mit zunehmender Ermüdung tritt dann Reizbarkeit ein, die wieder auf die ausgeleierten Formen rückwirkt – und Wirkung und Gegenwirkung setzen sich in einem Teufelskreis fort. Der Denker ist, wenn er sich so mit Sorgen plagt, der Sklave der ihm dienenden Körper und hat unter ihrer Tyrannei zu leiden.

Nun lässt sich aber gerade dieser Automatismus von Mentalkörper und Gehirn, diese Neigung, schon einmal hervorgerufene Schwingungen zu wiederholen, dazu verwenden, um die nutzlose Wiederholung von Gedanken, die quälen, zu korrigieren. Wenn ein Gedankenstrom sich einen Kanal – eine Gedankenform – geschaffen hat, neigen neue Gedankenströme dazu, den gleichen Weg einzuschlagen, da dieser die Linie des geringsten Widerstandes bildet. Ein Gedanke, der quält, kehrt daher leicht durch den faszinierenden Reiz der Furcht wieder, so wie ein Gedanke, der Lust bereitet, unter dem faszinierenden Einfluss der Liebe wiederkehrt. Der Gegenstand der Furcht, das Bild dessen, was eintreten wird, wenn die vorweggenommene Vorstellung zur Wirklichkeit wird, schafft sich so einen Weg im Verstand, eine Form für die Gedanken und auch eine entsprechende Fahrrinne im Gehirn. Die Tendenz im Mentalkörper und im Gehirn geht nun dahin, sobald diese nicht mit unmittelbarer Arbeit beschäftigt sind, die nicht verwendete Energie in den schon geschaffenen Kanal fließen zu lassen.

Die beste Weise, einen solchen »Sorgenkanal« loszuwerden, ist es, einen anderen von genau entgegengesetztem Charakter zu schaffen. Ein solcher Gedankenkanal kann, wie wir gesehen haben, durch bestimmtes, beharrliches und regelmäßiges Denken geschaffen werden. Ein Mensch, der unter quälenden Gedanken leidet, sollte darum jeden Morgen gleich nach dem Aufstehen drei oder vier Minuten irgendeinem edlen, ermutigenden Gedanken widmen: »Das Selbst ist Frieden; dieses Selbst bin ich. Das Selbst ist Stärke; dieses Selbst bin ich.« Er möge sich dabei in Gedanken vergegenwärtigen, wie er im

Innersten seines Wesens eins mit dem Höchsten ist, wie er in diesem Wesen unsterblich, unveränderlich, furchtlos und frei, ruhig, heiter und stark ist; wie er in vergängliche Gewänder gekleidet ist, die den Stachel des Schmerzes und das Nagen der Angst empfinden, und wie er diese Gewänder fälschlich für sich selbst hält. Wenn er sich in solche Gedanken versenkt, wird ihn Frieden umfangen, und er wird fühlen, dass dies seine natürliche innere Verfassung ist.

Wenn er dies Tag um Tag tut, wird dieser Gedankengang im Mentalkörper und im Gehirn seinen eigenen Kanal graben, und über kurz oder lang wird, sobald der Verstand unbeschäftigt ist, der Gedanke an das Selbst, das Frieden und Kraft ist, sich ungebeten einstellen und mitten in der Unruhe der Welt seine Schwingung über ihn ausbreiten. Die mentale Energie wird ganz natürlich in diesen Kanal einströmen, und die Sorge wird der Vergangenheit angehören.

Ein anderer Weg, den Verstand zu schulen, ist es, in Gedanken bei dem »guten Gesetz« zu verweilen und dadurch die Tugend der Zufriedenheit zu begründen. Bei dieser Methode verweilt der Mensch bei dem Gedanken, dass alle Ereignisse innerhalb des Gesetzes vor sich gehen und nichts durch Zufall geschieht. Nur was das Gesetz uns bringt, kann uns treffen, durch welche Hand auch immer es von außen kommen mag. Nichts kann uns verletzen, was uns nicht gebührt, was nicht durch unser eigenes früheres Wollen und Handeln herbeigeführt ist. Niemand kann uns Unrecht tun, er sei denn ein Werkzeug des Gesetzes, das eine Schuld fällig stellt, die wir einlösen müssen. Selbst wenn unser Verstand in seinen Vorstellungen kommendes Leid und Sorgen vorwegnimmt, tun wir gut daran, ihnen gefasst entgegenzusehen, sie zu akzeptieren, ihnen zuzustimmen. Sie verlieren einen großen Teil ihrer Schärfe, wenn wir das Gesetz in ihnen erkennen und uns damit abfinden, was immer es sein mag. Wir werden dies leichter vollbringen, wenn wir uns daran erinnern, dass das Gesetz stets darauf hinarbeitet, uns zu befreien, indem es uns die Schulden abfordert, die uns gefangenhalten. Auch wenn es uns Leid bringt, so ist gerade dieses Leid der Weg zum Glück. Alles Leid, wie immer es auch beschaffen ist, wirkt doch auf unsere endgültige Seligkeit hin, es ist nur das Zerbrechen der Ketten, die uns an das wirbelnde Rad der Geburten und Tode fesseln.

Sobald uns diese Gedanken einmal zur Gewohnheit geworden sind, hört unser Denken auf, sich Sorgen zu machen, denn die Klauen der Sorgen finden an dieser starken Rüstung des Friedens keinen Halt.

Denken und Nicht-Denken

Viel Kraft kann dadurch gewonnen werden, dass man lernt, willentlich zu denken, aber auch aufzuhören zu denken. Solange wir denken, sollten wir die ganze Kraft unseres Verstandes dafür einsetzen und so gut wie möglich denken. Ist aber die Arbeit des Denkens vorüber, dann sollte man dasselbe vollständig einstellen, man sollte ihm nicht gestatten, unbestimmt weiterzutreiben, in den Verstand einzutreten und ihn wieder zu verlassen, wie ein Boot, das immer wieder gegen einen Felsen stößt. Man lässt auch eine Maschine nicht laufen, wenn sie keine Arbeit leistet, weil die Maschinerie sich sonst unnötig abnutzt. Dem unschätzbaren Mechanismus des Verstandes aber gestattet man, ziellos immer weiter zu laufen, obwohl er sich dadurch ohne brauchbares Ergebnis verausgabt. Zu lernen, wie man aufhört zu denken, den Verstand ruhen zu lassen, ist eine Errungenschaft von größtem Wert. So wie es ermüdeten Gliedern wohl tut, sich in Ruhe auszustrecken, findet auch der ermüdete Verstand in vollkommener Ruhe Erquickung. Ständiges Denken bedeutet ständiges Vibrieren; ständiges Vibrieren bedeutet ständige Verschwendung. Erschöpfung und vorzeitiger Verfall sind die Folgen solcher nutzloser Vergeudung von Energie, und man kann sowohl den Mentalkörper als auch das Gehirn länger funktionsfähig erhalten, wenn man lernt, das Denken ganz einzustellen, sobald es nicht auf irgendein nützliches Ergebnis gerichtet ist.

Es ist allerdings gar nicht leicht, diese Fähigkeit »zu denken aufzuhören« zu erwerben. Es ist dies vielleicht sogar schwerer als das Denken selbst. Es darf zuerst nur durch ganz kurze Zeiten geübt werden, denn den Verstand ruhig zu halten, erfordert zuerst eine Kraftaufwendung. Man sollte, wenn man ernstlich über etwas nachgedacht hat, diesen Gedanken fallen lassen, und sooft danach irgendein anderer Gedanke auftaucht, die Aufmerksamkeit von ihm abwenden. Man muss sich beharrlich von jedem Eindringling abwenden. Wenn nötig, stelle man sich als eine Stufe zur Beruhigung eine Leere vor und versuche, sich nur Ruhe und Dunkelheit bewusst zu sein. Bei längerer beharrlicher Praxis in dieser Richtung wird dies verständlicher werden, und ein Gefühl der Ruhe und des Friedens wird den Übenden ermutigen, Ausdauer zu haben.

Gedankenkraft

Es darf dabei auch nicht vergessen werden, dass die Einstellung des auf eine äußere Tätigkeit gerichteten Denkens eine notwendige Vorstufe für die Arbeit in den höheren Ebenen ist. Erst wenn das Gehirn gelernt hat, in einen Zustand voller Ruhe einzugehen, wenn es aufgehört hat, immer wieder abgerissene Bilder vergangener Tätigkeiten aufzuschlagen, eröffnet sich die Möglichkeit, das Bewusstsein aus seiner physischen Umhüllung herauszuziehen, so dass es sich frei in seiner eigenen Welt betätigen kann. Wer hofft, diesen Schritt vorwärts noch in seinem jetzigen Leben zu tun, muss lernen, zu denken aufzuhören, denn nur, wenn den ständigen »Veränderungen des Denkprinzips« auf der niederen Ebene Einhalt geboten wird, kann die Freiheit auf der höheren erlangt werden.

Eine andere Methode, dem Mentalkörper und dem Gehirn Ruhe zu verschaffen – und eine bedeutend leichtere als die der gänzlichen Einstellung des Denkens – ist eine Änderung der Gedanken. Wer angestrengt und ausdauernd in einer bestimmten Richtung denkt, sollte noch eine zweite, von der ersten so weit als möglich verschiedene Denkrichtung haben, der er seinen Verstand zur Erholung zuwenden kann. Ebenso wie der physische Körper eines Menschen durch einseitige Beschäftigung leicht verkrampft und Ausgleichsübungen anderer Art benötigt, bedarf auch der Verstand des Menschen eines Ausgleiches, wenn er nicht durch zu einseitige Betätigung in mentaler Hinsicht verkrampfen soll.

Besonders wichtig ist es vielleicht für Menschen, die stark von weltlichen Geschäften in Anspruch genommen werden, dass sie nebenher sich mit Gebieten beschäftigen, die solche intellektuelle Fähigkeiten ausbilden, die durch das Geschäftsleben nicht entwickelt werden, also zum Beispiel mit Kunst, Literatur oder irgendeiner Wissenschaft, damit sie dann darin intellektuelle Erholung und Vervollkommnung finden können. Vor allem sollten junge Menschen solche Tätigkeiten aufnehmen, ehe ihr noch frisches und aktives Gehirn erschöpft und verbraucht ist; sie werden dann im Alter über innere Kräfte verfügen, die ihre vorgerückten Jahre bereichern und erhellen. Die Form behält ihre Elastizität über eine viel längere Zeit, wenn ihr auf solche Weise durch Wechsel der Beschäftigung Erholung gewährt wird.

Das Geheimnis des Seelenfriedens

Vieles von dem, was bereits gesagt wurde, enthält schon Hinweise auf den Weg, auf dem innerer Frieden erlangt werden kann. Haupterfordernis hierfür aber ist eine klare Erkenntnis und Vergegenwärtigung unseres Platzes im Universum.

Wir sind ein Teil des einen großen Lebens, in dem keine Anstrengung verlorengeht, das keinen Verlust an Kraft kennt, das »machtvoll und sanft alle Dinge ordnet« und die Welten vorwärts trägt, ihrem Ziel entgegen. Die Auffassung, dass unser kleines Leben ein gesondertes, unabhängiges Wesen ist, das gegen zahllose andere unabhängige Wesen um seinen Platz kämpfen muss, ist eine furchtbare Täuschung. Solange wir die Welt und das Leben so sehen, schwebt der Frieden für uns in unerreichbarer Ferne. Wenn wir aber fühlen und erkennen, dass alle Selbste eins sind, dann kehrt Frieden in uns ein – und es besteht keine Gefahr, dass wir ihn wieder verlieren.

Alle unsere Sorgen kommen daher, dass wir uns für getrennte Wesen halten und uns dann ständig um unsere eigenen mentalen Achsen drehen, nur an unsere gesonderten Interessen und Ziele, an unsere gesonderten Freuden und Leiden denken. Die einen tun dies hinsichtlich der niederen Angelegenheiten des Lebens, und sie sind die Unbefriedigtsten von allen. Ruhelos trachten sie ständig danach, etwas von dem allgemeinen Gütervorrat für sich zu erhaschen und häufen nutzlos Schätze auf. Andere wiederum suchen ständig nur ihren eigenen Fortschritt im höheren Leben. Es sind gute, ernsthafte Menschen, aber doch stets unzufrieden und ängstlich. Sie schauen immer nur auf sich selbst und analysieren sich: »Komme ich wirklich vorwärts? Weiß ich heute mehr als vor einem Jahr?« So halten sie ängstlich nach Beweisen ihres Fortschrittes Ausschau, und ihre Gedanken sind ständig nur auf ihr eigenes inneres Wachstum konzentriert.

Aber der Frieden kann nicht durch ständiges Streben nach Befriedigung für das gesonderte Selbst gefunden werden, auch nicht durch eine solche höhere Art. Er ist nur dadurch zu finden, dass man dem gesonderten Selbst entsagt und sich auf jenes Selbst stützt, das eins ist, das sich auf jeder Stufe der Entwicklung offenbart und in allen enthalten ist.

Der Wunsch nach geistigem Fortschritt ist von großem Wert, solange noch die niedrigeren Begierden den Strebenden umgarnen und fesseln. Durch das leidenschaftliche Streben nach geistigem Wachstum gewinnt er die Kraft, sich von ihnen zu befreien; aber wahres Glück gibt dieses Streben allein nicht und kann es nicht geben, denn dieses Glück stellt sich erst ein, wenn das Einzel-Selbst abgeworfen und das große Selbst als das erkannt wird, um dessentwillen wir in der Welt leben. Selbst im gewöhnlichen Leben sind die selbstlosen Menschen die glücklichsten – jene, die arbeiten, um andere glücklich zu machen, und dabei sich selbst vergessen. Unbefriedigt sind nur jene Menschen, die stets nur ihr eigenes Glück suchen.

Das Selbst sind wir, und darum sind die Freuden und Leiden der anderen ebenso sehr die unseren wie die ihren, und in dem Maß, in dem wir dies fühlen, in dem wir so zu leben lernen, dass die ganze Welt an dem Leben teil hat, das durch uns strömt, erlebt unser Denken das Geheimnis des Friedens. »Der erlangt den Frieden, in den alle Wünsche einströmen wie Flüsse in das Meer, das mit Wasser gefüllt doch unbewegt bleibt – nicht aber der, der die Wünsche begehrt.« (Bhagavad Gita, II, 70). Je mehr wir begehren, desto stärker muss unser Verlangen nach Glück – das Unglück ist – wachsen. Das Geheimnis des Friedens liegt in der Erkenntnis des Selbstes, und der Gedanke »dieses Selbst bin ich« wird uns helfen, jenen Seelenfrieden zu erlangen, den nichts erschüttern kann.

10

Wie man anderen durch Gedanken hilft

Der wertvollste Gewinn, den die Schulung der Gedankenkraft bringt, ist die Stärkung unserer Fähigkeit, unserer Umgebung zu helfen, den Schwächeren, die noch nicht gelernt haben, ihre eigenen Kräfte zu gebrauchen. Schon ein bloßer freundlicher Gedanke ist auf seine Weise hilfreich, aber der ernstlich Strebende wird wünschen, mehr zu tun, als den Hungernden nur Brosamen hinzuwerfen.

Betrachten wir zuerst einen Menschen, der von einer schlechten Gewohnheit, zum Beispiel der des Trinkens, beherrscht wird, und dem der Strebende zu helfen wünscht. Um diesen Zweck zu erreichen, sollte er sich, wenn dies möglich ist, zuerst Kenntnis davon verschaffen, zu welcher Zeit der Verstand des betreffenden Patienten unbeschäftigt zu sein pflegt – etwa die Zeit, zu der er zu Bett geht. Sollte der Betreffende zu dieser Zeit schlafen, umso besser. Zu dieser Zeit sollte sich der Strebende nun in einem Raum, in dem er allein ist, hinsetzen, sich das Bild des Patienten so lebendig als möglich vorstellen – ihm gegenüber sitzend, so dass er sich sein Bild in allen Einzelheiten so klar ausmalen kann, als säße der Mensch wirklich vor ihm. (Dieses deutliche Sich-Vorstellen ist zwar nicht unbedingt notwendig, aber es macht den Vorgang wirksamer.) Dann sollte er seine ganze Aufmerksamkeit auf dieses Bild richten und mit der ganzen Konzentration, deren er fähig ist, die Gedanken, die er dem Verstand seines Patienten einprägen möchte, nacheinander langsam an dieses Bild richten. Er muss sie ihm als klare Mentalbilder vorführen, gerade so, als wenn er ihm Argumente in Worten vortragen würde. In dem angenommenen Fall könnte er ihm lebhafte Bilder der Krankheit und des Elends vorführen, welche die Gewohnheit des Trinkens zur Folge hat, den Zusammenbruch seines Nervensystems mit dem unvermeidlichen Ende. Sollte der Patient zu dieser Zeit schlafen, wird er zu dem, der so an ihn denkt, hingezogen werden, und er wird das Bild, das von ihm geschaffen wurde, beleben. Der Erfolg hängt von dem Grad der Konzentration und Festigkeit ab, in dem die Gedanken an den Patienten gerichtet werden, und die Wirkung wird genau im Verhältnis zu dem Maß stehen, in dem der Helfende seine Gedankenkraft entwickelt hat.

Besonders muss in einem solchen Fall aber darauf geachtet werden, dass man nicht versucht, in irgendeiner Weise den Willen des Patienten zu beeinflussen. Die Anstrengung muss ausschließlich darauf gerichtet bleiben, seinem Verstand die Gedanken vorzuhalten, die dann, seine Intelligenz und sein Gemüt ansprechend, ihn zu einer richtigen Urteilsbildung und entsprechenden Handlungsweise anregen können. Wird nämlich der Versuch gemacht, ihm eine bestimmte Handlungsrichtung aufzudrängen, so ist damit, selbst wenn der Versuch gelingt, wenig erreicht. Die mentale Neigung zu las-

Gedankenkraft

terhaftem Sichgehenlassen wird dadurch, dass man der Hingabe an eine bestimmte Form desselben ein Hindernis in den Weg legt, nicht verändert. Wenn es in einer Richtung aufgehalten wird, wird es eine andere finden, und ein neues Laster wird an die Stelle des alten treten. Ein Mensch, den man durch Einflussnahme auf seinen Willen gewaltsam zur Mäßigkeit zwingt, wird dadurch ebenso wenig von seinem Laster geheilt, als wenn man ihn in einem Gefängnis einsperrt. Ganz abgesehen davon sollte niemand überhaupt je versuchen, einen anderen seinem Willen zu unterwerfen, auch nicht, um ihn zu rechtem Handeln zu veranlassen. Durch derartigen äußeren Zwang wird kein Wachstum erreicht. Die Intelligenz muss überzeugt, das Gefühl erweckt und geläutert werden, sonst kann kein wirklicher Fortschritt erzielt werden.

Auch wenn der Studierende in irgendeiner anderen Lage einem Menschen helfen möchte, sollte er in ähnlicher Weise vorgehen, indem er sich ein Bild des Freundes vorstellt und diesem dann die Gedanken, die er vermitteln möchte, in klarer Form darlegt. Ein starker Wunsch für sein Wohlergehen, den man ihm als eine allgemein schützende Kraft zusendet, wird eine Zeit lang, deren Dauer von der Stärke des Gedankens abhängt, ihn als Gedankenform umschweben und ihn gegen Böses schützen, indem er als eine Schutzwand gegen feindliche Gedanken wirkt und ihn sogar vor physischen Gefahren bewahrt. Ein in ähnlicher Weise gesandter Gedanke des Friedens und des Trostes wird das Gemüt besänftigen und beruhigen und um den Betreffenden eine Atmosphäre der Ruhe verbreiten.

Auch die oft durch Gebete anderer erwiesene Hilfe hat weitgehend den oben beschriebenen Charakter; wenn sich Gebete häufig wirksamer zeigen als gewöhnliche gute Wünsche, so ist dies auf die größere Konzentration und Intensität zurückzuführen, die der, der fromm an die Wirkung seiner Gebete glaubt, in diese hineinlegt. Eine gleich starke Konzentration und Intensität würde auch ohne Benutzung der Gebetsform ähnliche Ergebnisse erzielen.

Es gibt allerdings auch noch eine andere Art, in der Gebete manchmal wirksam werden können. Man lenkt die Aufmerksamkeit irgendeiner geistigen oder hoch entwickelten menschlichen Wesenheit auf die Person, für die das Gebet dargebracht wird, und dieser wird dann unmittelbar von einer Macht geholfen, welche die des Betenden bei weitem überragt.

Es ist vielleicht gut, hier die Bemerkung einzufügen, dass in der Theosophie nur halb Bewanderte nicht davor zurückscheuen sollten, einem Freund alle Gedankenhilfe zu geben, deren sie fähig sind, aus Furcht, »sich in dessen Karma einzumengen«. Man überlasse es ruhig dem Karma, für sich selbst zu sorgen, und fürchte sich nicht mehr, sich ins Karma einzumengen, als man sich fürchtet, sich in das Gesetz der Schwerkraft einzumengen. Wenn man einem Freund helfen kann, soll man dies unbesorgt tun und sich darauf verlassen, dass, wenn man ihm helfen kann, diese Hilfe eben im Karma des Freundes liegt und man in diesem Fall der glückliche Vollstrecker des Gesetzes ist.

Hilfe für die sogenannten Toten

Alles, was wir durch unsere Gedanken für die Lebenden tun
können, vermögen wir noch leichter für die zu tun, die uns
durch die Pforte des Todes vorausgegangen sind, denn in
ihrem Fall gibt es keine schwere physische Materie, die erst
in Schwingung versetzt werden muss, ehe der Gedanke das
Wachbewusstsein erreichen kann.

Sobald das Tor des Todes durchschritten ist, neigt der
Mensch dazu, seine Aufmerksamkeit nach innen zu wen-
den und mehr in seiner Psyche zu leben als in einer äußeren
Welt. Die Gedankenströme, die bisher nach außen flossen
und durch die Sinnesorgane die äußere Welt zu erreichen
suchten, finden sich jetzt durch eine Leere davon abgesperrt,
verursacht durch den Wegfall ihrer Werkzeuge. Es ist so, als
wenn ein Mensch, der auf eine ihm wohlbekannte über eine
Schlucht führende Brücke zueilt, sich plötzlich durch einen
Abgrund aufgehalten fände, während die Brücke verschwun-
den ist.

Die Umorganisierung des Astralkörpers, die rasch auf den
Verlust des physischen Körpers folgt, zielt noch stärker darauf
ab, die mentalen Kräfte einzuschließen und ihren äußeren
Ausdruck zu verhindern. Die Astralmaterie bildet dann, wenn
dieser Vorgang nicht durch Handlungen der Hinterbliebenen
gestört wird, statt eines plastischen Werkzeuges eine schützende Schale, und je reiner und höher das abgelaufene Erdenleben
war, desto vollständiger ist die Abschließung gegen Eindrücke
von außen oder ein Heraustreten von innen. Aber der so in sei-

nen nach außen tretenden Kräften Gehemmte ist umso empfänglicher für Einflüsse aus der mentalen Welt, und er kann daher auch viel wirksamer unterstützt, ermutigt und beraten werden als zu der Zeit, da er noch auf Erden weilte.

In jener Welt, in welche die aus ihrem physischen Körper befreiten Menschen eingegangen sind, ist ein liebender Gedanke ebenso greifbar für die Sinne wie hier ein liebendes Wort oder eine zärtliche Liebkosung. Es sollten daher jedem, der hinübergeht, Gedanken der Liebe und des Friedens nachgesandt werden und Wünsche für ein rasches Durchschreiten des Tales des Todes hinauf in das leuchtende Land, das jenseits desselben liegt. Nur zu viele bleiben länger in dem Zwischenzustand, als sie es sonst würden, weil es ihr schlechtes Karma ist, keine Freunde zu haben, die wissen, wie sie ihnen von dieser Seite des Todes aus helfen können. Wüssten die Menschen auf Erden, wie viel Trost und Freude die Wanderer in die himmlischen Welten durch diese wahrhaft engelartigen Boten, diese Gedanken der Liebe und Aufmunterung erfahren, wüssten sie um deren stärkende und tröstende Kraft, dann würde niemand von denen, die zurückbleiben, allein gelassen werden. Die geliebten »Toten« haben sicherlich einen Anspruch auf unsere Liebe und Fürsorge, doch abgesehen davon, wie trostreich ist es für das Herz, das der Gegenwart dessen beraubt ist, was der Sonnenschein seines Lebens war, wenn es dem geliebten Wesen auch jetzt noch Dienste erweisen und es mit Schutzengeln liebender Gedanken umgeben kann!

Die großen Gottesboten, welche die Religionen gründeten, vergaßen auch nicht die Dienste, welche die Hinterbliebenen den Dahingeschiedenen zu leisten vermögen. Fast alle großen Religionen kennen daher besondere Gebete und Dienste für die Verstorbenen.

Gedankenarbeit ausserhalb des Körpers

Wir brauchen unsere Denktätigkeit nicht auf die Stunden zu beschränken, die wir im physischen Körper verbringen, denn viel wirksame Gedankenarbeit kann auch getan werden, während unsere Körper in friedlichem Schlaf liegen.

Der Vorgang des »Einschlafens« besteht einfach darin, dass sich das in seine feineren Körper gekleidete Bewusstsein aus dem physischen Körper zurückzieht, der in Schlaf gehüllt zurückgelassen wird, während der Mensch selbst in die Astralwelt übergeht. Vom physischen Körper befreit, ist er nun weit kraftvoller im Hinblick auf die Wirkungen, die er durch sein Denken hervorbringen kann, aber meistens richtet er dieses nicht nach außen, sondern wendet es in sich auf Gegenstände an, die ihn während seines wachen Lebens interessieren. Seine Gedankenkräfte bewegen sich in ihren gewohnten Bahnen und arbeiten an den Problemen, mit deren Lösung sich sein Wachbewusstsein beschäftigt.

Der Rat, »eine Sache erst zu überschlafen«, ehe man eine wichtige Entscheidung trifft, ist eine intuitive Andeutung dieser Tatsache mentaler Aktivität während des Schlafes. Auch ohne die gezielte Absicht, die befreite Intelligenz zu nutzen, ernten die Menschen die Früchte dieser Arbeit.

Wer aber das Steuer des Schiffes seiner Entwicklung selbst

in die Hand nehmen will, anstatt ihm zu gestatten, bloß dahinzutreiben, sollte sich bewusst der größeren Kräfte bedienen, die ihm zur Verfügung stehen, wenn er von der Last des Körpers nicht behindert ist. Die Vorgehensweise ist ganz einfach. Man braucht sich nur das Problem, das man zu lösen wünscht, vor dem Einschlafen ruhig vorzuhalten; man darf dabei nicht darüber nachgrübeln oder mit sich selbst argumentieren, sonst verhindert man das Einschlafen – man darf das Problem nur einfach vor sich hinstellen und muss es dann fallen lassen. Das genügt, um den Gedanken die erforderliche Richtung zu geben. Der Denker wird dann das Problem aufnehmen und sich mit ihm befassen, sobald er vom physischen Körper befreit ist. Die Lösung wird man im Allgemeinen beim Erwachen finden, denn der Denker wird sie dem Gehirn eingeprägt haben – und es ist daher ratsam, sich Papier und Bleistift neben das Bett zu legen, um die Lösung sofort nach dem Erwachen niederzuschreiben. Ein so empfangener Gedanke wird nämlich durch die aus der physischen Welt herandrängenden Reize sehr leicht verwischt, und es ist dann nicht leicht, ihn wiederzufinden. So manche Schwierigkeit im Leben kann auf diese Weise klar erkannt und aus vielen verschlungenen Pfaden ein Ausweg gefunden werden. Auch manche intellektuellen Probleme können so einer Lösung zugeführt werden, indem man sie der vom physischen Gehirn unbeschwerten Intelligenz unterbreitet.

Auf ganz ähnliche Weise kann ein Strebender während der Stunden des Schlafes auch Freunden in dieser Welt oder der nächsten helfen. Er muss sich ein gedankliches Bild von einem Freund machen und den Entschluss fassen, ihn zu finden und ihm zu helfen. Dieses mentale Bild wird ihn dann mit seinem Freund zusammenführen, und sie werden sich in der astralen Welt miteinander verständigen können. Wenn aber mit dem Gedanken an den Freund irgendeine Gemütsbewegung verbunden ist – wie zum Beispiel, wenn es sich um einen Verstorbenen handelt –, dann muss der Strebende danach trachten, sie zu beruhigen, ehe er einschläft. Emotionen rufen im Astralkörper Wirbel hervor, und wenn sich dieser Körper in einem Zustand heftiger Bewegung befindet, isoliert er das Bewusstsein und macht es den mentalen Schwingungen unmöglich, nach außen zu dringen.

In einzelnen Fällen solcher Begegnungen in der astralen Welt kann ein »Traum« in die Erinnerung des Wachzustandes eingehen, in anderen wieder wird keinerlei Spur zurückbleiben. Ein solcher Traum ist eine – oft verwirrte und mit fremden Schwingungen vermengte – Aufzeichnung des außerkörperlichen Zusammentreffens und sollte als solche aufgefasst werden. Wenn aber im Gehirn keine Spur zurückbleibt, so macht dies auch nichts aus, denn die Tätigkeit der befreiten Intelligenz wird nicht dadurch behindert, dass das Gehirn, das an ihr keinen Anteil hat, nichts von ihr weiß. Es kann jegliche Erinnerung auch in Fällen fehlen, in denen der Mensch während des Schlafes seines Körpers äußerst wertvolle und nützliche Arbeit geleistet hat.

Eine andere Art von Gedankenarbeit, die wenig beachtet wird und die sowohl innerhalb als auch außerhalb des physischen Körpers vorgenommen werden kann, ist die Unterstützung nützlicher Bestrebungen und für die Menschheit wohltätiger Bewegungen. In bestimmter Form an solche zu denken, setzt hilfreiche Ströme aus den inneren Daseinsebenen in Bewegung.

Die Macht vereinten Denkens

Die Vermehrung der Kraft, die erzielt wird, wenn mehrere Menschen sich verbinden, um eine gemeinsame Sache zu fördern, wird nicht nur von den Esoterikern anerkannt, sondern von allen, die tiefer in die Wissenschaft des Geistes eingedrungen sind. Auf solche Weise leisten die kontemplativen Orden der katholischen Kirche ebenso eine Menge guter und nützlicher Arbeit wie die Mönche der Hindus und Buddhisten. Wo immer gute und reine Verstandeskraft sich an die Arbeit macht, der Welt durch die Verbreitung edler und hoher Gedanken zu helfen, wird der Menschheit ein entschiedener Dienst geleistet. Eine Anzahl von gleichgesinnten Denkern kann viel zur Verbreitung ihrer Ideen tun, wenn sie sich darüber verständigen, jeden Tag zu einer bestimmten Zeit auch nur zehn Minuten lang an eine bestimmte geistige Wahrheit zu denken. Es ist nicht nötig, dass sie sich dazu körperlich versammeln, es genügt, wenn sie sich geistig verbinden.

Angenommen, eine derartige Gruppe nähme es sich zum Beispiel vor, täglich zur gleichen Zeit zehn Minuten lang an die Lehre von der Wiederverkörperung zu denken. Dann würden den Bezirk, in dem diese Gruppe arbeitet, kraftvolle Gedankenformen durchströmen, und der Gedanke der Wiederverkörperung in einer beträchtlichen Anzahl von Menschen auftauchen. Der Gedanke träte in Gesprächen auf, Bücher zu diesem Thema würden gesucht werden, und wenn man dann nach einer solchen Vorbereitung an diesem Ort einen Vortrag darüber ankündigte, könnte er sicher auf eine interessierte Zuhörerschaft rechnen. Wo ernste Menschen sich zu derartiger oder ähnlicher mentaler Arbeit verbinden, können Erfolge erreicht werden, die in keinem Verhältnis zur Größe der dazu verwandten physischen Mittel stehen.

Nachwort

Auf solche Weise können wir lernen, von den großen Kräften, die in uns allen vorhanden sind, Gebrauch zu machen und damit die bestmögliche Wirkung zu erzielen. In dem Maß, in dem wir sie gebrauchen, werden sie zunehmen, bis wir in freudiger Überraschung erkennen, wie groß die Kraft zum Dienen ist, die wir besitzen. Wir dürfen nicht vergessen, dass wir diese Kräfte ständig benützen, aber unbewusst, unregelmäßig und schwächlich, und dass wir alle, die unseren Lebensweg kreuzen, in irgendeiner Form zum Guten oder Bösen beeinflussen. In diesem Buch wurde versucht, den Leser dazu anzuregen, diese Kräfte bewusst, stetig und kraftvoll zu benützen. Wir können es nicht vermeiden, in irgendeiner Weise zu denken, so schwach auch die Gedankenströme sein mögen, die wir erzeugen. Wir beeinflussen unsere Umgebung darum notwendigerweise ständig, ob wir es wollen oder nicht. Die einzige Frage, die wir zu entscheiden haben, ist die, ob wir dies in wohltätiger oder schädlicher, in kraftvoller oder schwächlicher Weise tun wollen, und ob wir unsere Gedanken bloß dahintreiben lassen oder ihnen ein festes Ziel setzen wollen. Wir können es auch nicht verhindern, dass die Gedanken anderer unseren Verstand berühren; wir können nur eine Auswahl treffen, welche davon wir einlassen und welche wir zurückweisen. Es ist also unvermeidbar, dass wir auf andere einwirken und von anderen auf uns eingewirkt wird; aber wir können auf andere zu ihrem Heil oder zu ihrem Schaden einwirken, und wir können von Guten und von Bösen beeinflusst werden. Hierin liegt unsere Wahl, eine Wahl, die folgenschwer für uns selbst und für die ganze Welt ist.

Praktischer Okkultismus

Als Helena P. Blavatsky die Theosophische Gesellschaft gründete, war der Ausdruck „okkult" für ein nur im inneren Kreis gelehrtes spirituelles Wissen allgemein bekannt. Er hatte nichts mit „dunklen Kräften" zu tun, sondern bezog sich ausschließlich auf den „geistigen Pfad". Später wandelte sich der Begriff „Okkultismus" zum auch heute noch gebräuchlichen Wort „Esoterik".

Madame Blavatsky kannte wie kaum eine andere Persönlichkeit ihrer Zeit die Möglichkeiten, aber auch die Gefahren des „Pfades der Schülerschaft". Wer ernsthaft den Weg nach innen beschreiten wollte, musste zuerst einmal eines tun: An sich selbst arbeiten!

So ist dieses Werk tatsächlich zuerst ein „Praxisbuch", weil es im Detail die Anforderungen beschreibt, die ein zukünftiger Schüler der „Meister der Weisheit" in seinem täglichen spirituellen Streben zu beachten hat.

Ein Buch über die geistige Suche, das nichts an seiner Aktualität eingebüßt hat. Die Gesetze des „Pfades" sind seit Jahrtausenden noch immer dieselben!

Die Sammlung enthält Texte aus Blavatskys ursprünglich als „streng vertraulich" gekennzeichneten „Esoterischen Lehrbriefen" sowie einer Reihe kleinerer Aufsätze, die bisher nur teilweise greifbar waren.

ISBN: 978-3-89427-202-9

Die Stimme der Stille
(Kommentar von Annie Besant und C.W. Leadbeater)

Die „Stimme der Stille" gehört neben „Licht auf den Pfad" und „Zu Füßen des Meisters" zu den unsterblichen Klassikern der modernen esoterischen Literatur. Annie Besant und Charles W. Leadbeater haben zu allen drei Werken einen tiefgründigen Kommentar verfasst, der zum Besten zählt, was das spirituelle Schrifttum der Gegenwart zu bieten hat.

Die „Stimme der Stille" enthält in konzentrierter Form die Weisheit der Meister des Ostens. Der Kommentar lässt die Gedanken dieser großen Lehrer in neuer Klarheit transparent werden und vermag so den PFAD zu erhellen.

ISBN: 978-3-89427-344-6

Licht auf den Pfad
(Kommentar von Annie Besant und C.W. Leadbeater)

Einer der großen Weisen Asiens schrieb einmal zu Mabel Collins Meisterwerk „Licht auf den Pfad", die Menschheit sei gerade erst im Begriff, die Anfänge der Geistestiefe dieses Buches zu entschlüsseln!

Annie Besant und Charles W. Leadbeater haben sich der Herausforderung gestellt und versucht, einen weiteren Schlüssel zum Verständnis von „Licht auf den Pfad" zu erarbeiten. Entstanden ist ein einzigartiges Buch, das wie nur wenige andere die Herausforderungen und die Schwierigkeiten des Geistigen Pfades schildert, aber auch die unbeschreibliche Herrlichkeit, die den geistigen Sucher am Ende des Weges erwartet.

Dieser tiefgründige und inspirierende Kommentar ist eines jener Bücher, das den ernsthaft Suchenden ein Leben lang begleiten und ihm Jahr für Jahr neue Einsichten und Erkenntnisse schenken wird.

Ein einzigartiges spirituelles Juwel, das wahrhaft esoterisches Wissen vermittelt!

ISBN: 978-3-89427-344-6

Gedankenformen

C.W. Leadbeater zählt ohne Zweifel zu den größten Hellsehern und Eingeweihten der Neuzeit. Seine drei großen Meisterwerke sind jetzt in einer neuen Ausgabe wieder lieferbar. Die gesamte esoterische Bewegung des 20. Jahrhunderts schöpfte in erheblichem Maße aus diesen Klassikern der spirituellen Literatur, die auch heute, am Beginn eines neuen Jahrtausends, nichts von ihrer geistigen Größe und Strahlkraft eingebüßt haben. Wenn viele moderne Autoren längst in der Vergessenheit versunken sein werden, wird noch immer in den Buchhandlungen aller Länder ein Platz reserviert sein für die großen Meisterwerke von Charles W. Leadbeater!

ISBN: 978-3-89427-289-0

Das Leben in der geistigen Welt
Charles W. Leadbeater

In allen Einzelheiten beschreibt der Seher den Übergang in die Geisteswelt im Augenblick des „Todes", den Weg durch die Läuterungssphären und den Aufstieg in die Himmelswelten. Besonders beglückend und Trost spendend sind die Ausführungen über die Wiederbegegnung mit geliebten Menschen in den Jenseitswelten. Die Aufgaben und das hilfreiche Wirken der Schutzengel finden ebenso Beachtung wie das Wirken der Verstorbenen in höheren Daseinssphären.

ISBN: 978-3-922936-76-3

Der Pfad zum Tempel der Weisheit
Annie Besant

Annie Besant beschreibt in ihrer kraftvollen und bildreichen Sprache die Stationen des inneren Weges, welchen die geistig strebende Seele durchlaufen muss, ehe sie am Portal zum „Tempel der Weisheit" anklopfen darf. Sie durchschreitet die Stufen der Läuterung, der Gedankenbeherrschung und der Charakterbildung, bis sie nach einer gleichsam alchemistischen Verwandlung reif geworden ist, um in die zeitlosen göttlichen Geheimnisse eingeweiht zu werden.